U0958583

美国
科学问答

美国中学生
课外读物

美国家庭
必备参考书

1000个哲学知识

我们知道什么

THE HANDY PHILOSOPHY ANSWER BOOK

新柏拉图主义、文艺复兴、怀疑论
自然哲学、早期现代哲学
古代哲学、启蒙运动
哲学的基本问题是如此丰富多彩

[美] 内奥米·扎克 博士 /著
李 哲 /译

上海科学技术文献出版社
Shanghai Scientific and Technological Literature Press

图书在版编目（CIP）数据

我们知道什么：1000个哲学知识 /（美）扎克博士著；李哲译．
—上海：上海科学技术文献出版社，2015.6
（美国科学问答丛书）
ISBN 978-7-5439-6640-6

Ⅰ．①我… Ⅱ．①扎… ②李… Ⅲ．①哲学—通俗读物 Ⅳ．①B-49

中国版本图书馆 CIP 数据核字（2015）第 088567 号

图字：09-2012-247

选题策划：张　树
责任编辑：王　珺　黄婉清
封面设计：周　婧

丛书名：美国科学问答
书　名：我们知道什么
[美]内奥米・扎克博士　著　李　哲　译
出版发行：上海科学技术文献出版社
地　　址：上海市长乐路 746 号
邮政编码：200040
经　　销：全国新华书店
印　　刷：常熟市人民印刷有限公司
开　　本：720×1000　1/16
印　　张：14.75
字　　数：248 000
版　　次：2019 年 2 月第 3 次印刷
书　　号：ISBN 978-7-5439-6640-6
定　　价：35.00 元
http://www.sstlp.com

前言

我们究竟知道什么？什么是真实的？生命是否有意义？人们有自由意志吗？这些只是哲学问题的几个例子。除了这些问题之外，人们还会提出大量类似的问题。这些问题被称为“哲学问题”。人们无法彻底回答这些问题，它们甚至已经困扰哲学家三百多年了。要提出这些问题，你不必非得是哲学家——尽管你在阅读这本书时，可能会觉得自己颇像一位哲学家。

本书中有大量关于特定的哲学家以及他们思想的条目。每个条目都以问题开始，这些问题深入地探讨某位哲学家、思想流派或者时间年代的重要性。紧接着问题的是作者的回答，这也是对整个章节内容的概述。每个条目之下的部分也是以核心问题开始，回答问题之后，会提出更加深入的问题，再提供解答。你可以单独阅读每个提问和回答，也可以将它们视为大框架的一部分。

如果你想要了解某位哲学家或者有关某个思想的简述，你并不需要通读全书。如果你到目录部分查找某位哲学家的名字或者相关主题，你就可以知道在本书的哪一页能找到相关内容。本书的主要内容——哲学史上的重要人物和思想——从古代哲学至今，按时间顺序排列，目录可以引导你找到相关内容。

哲学在很大程度上可以看作是哲学家所提出的观点。虽然哲学家之间争论不断，但是他们对于彼此的权威观点还是非常尊重的。

本书使用方法灵活。如果想了解哲学史，那么可以按照章节的顺序进行阅读。如果只对某一时代或者某一思想流派感兴趣，则可以只读对应的章节。

如果对整本书的内容感兴趣，想要把它作为研究哲学的入门读物，或者用来更新已有的哲学知识，那么你就应该从头到尾通读本书（至少完整读一遍），然后再选择你所感兴趣的内容继续深入阅读。

你如果真的了解了上述内容（也就是说，如果哲学真的很吸引你的话），你可以更加深入地学习哲学。如果你是中学生，你可以选择一门哲学课程。如果你以后要继续深造的话，你可以在所在的大学选修一门哲学课程。哲学在很大程度上需要进行面对面的讨论，所以一定要找合适的场合和同样爱好哲学的人一起交流。如果不方便参加哲学课程，那么可以加入某个定期活动的哲学俱乐部，或者到互联网上找一个类似的俱乐部。

[美]内奥米·扎克博士

目录

CONTENTS

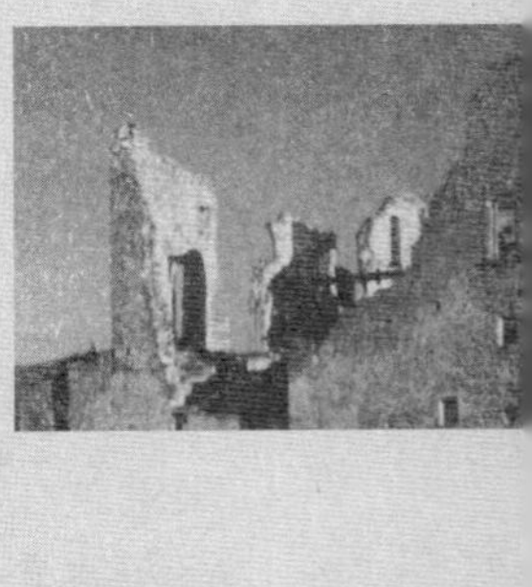

一 哲学的基本问题

▶ 什么是哲学？

哲学是一种寻求智慧的活动。在西方哲学的发源地古希腊，“哲学”两个字意味着“爱智慧”。人们通过探寻智慧的意义来热爱智慧。人类有许多探索智慧的方式，包括艺术、宗教、生活经历等。哲学的独特之处在于它是通过系统地运用理性的方式来寻求智慧。

哲学家强调思想、思想的意义以及信仰，并通过分析来进行强调。他们把这些内容分解成不同的部分，然后再以理性的方式把不同部分重新组合起来。除了分析，哲学家们还对头脑中的想法以及世界上发生的事情进行反思，他们可以通过对思想或者经验的整体结构产生直觉来寻求智慧。

▶ 哲学起源于何时？

在西方，科学意义上的哲学，即关于自然和人类世界的总体抽象思想，始于公元前7世纪的古希腊。当时所谓的前苏格拉底哲学家们开始探索地球和宇宙，其中很多人在苏格拉底时代仍然很活跃。在前苏格拉底和苏格拉底时代，诡辩家们首先注意到了人类社会——尽管诡辩家们所采用的一些方法具有一定的对抗性，甚至有些方法不够道德。诡辩家们相互争论，并不理会他们所争辩内容的真实性或者合理性。公元前5世纪，苏格拉底倡导哲学活动。公元前4世纪，他的学生柏拉图以书写的对话形式宣扬了苏格拉底的思想，此时真正人文主义意义上的哲学才建立起来。自然世界和人类社会这两大主题始终是哲学家们关注的焦点，后来自然科学和社会科学作为独立学科从哲学中分离了出来。这些学科也是日常生活中的永恒主题。

哲学有何用处？

人类社会存在一些重要的问题，人们无法以观察的方式来回答，那么哲学就成为解决这些问题的唯一方式。比如，哲学力求回答这样一些问题："一艘只能安全承载6个人的船上坐着10个人，人们正确的做法是什么？""生活的意义是什么？""我们是否能够证明上帝存在或者不存在？"

哲学与其他知识探索有何不同？

一般来说，哲学家所探求的智慧是对一些问题的回答，然而这些问题并不是依靠显微镜、望远镜、研究或者测量来回答的。这些问题只能通过头脑的思考才能得出答案。比如，社会学家可能会研究人们信仰什么，但是哲学家则研究人们是否可以利用真实的东西来证明这些信仰是正确的或者合理的。

由于哲学问题不能够依靠事实来进行回答，所以问题的答案一般来说只是一种观点。但是这些观点很特别，因为人们总是能够找到相应的理由来支持这些观点。但是，许多哲学活动仍然只是哲学家之间的对话。哲学家们几乎从来不会同意彼此的观点——正是由于这一点，很多人才觉得哲学有趣。

哲学为什么重要？

对自然世界的哲学研究衍生出了现代的自然科学，包括物理学、天文学、地理学、生物学、化学。虽然其他国家拥有独特的科学和技术，但是作为西方科学产物的西方技术，现在占据了全球的主导地位。

对人类社会的哲学研究衍生出了诸如心理学、历史学、政治学、人类学、语言学以及认知科学等社会科学。当然，许多关于世界的理论思想仍然作为形而上学的观点存在于哲学范畴之内，很多人类问题只在哲学领域探讨，哲学仍然是人文学科的一部分。这些人类问题是不同文化、不同生活中的共同话题。

哲学仅是讨论生命和宇宙之类的大问题吗？

哲学所涉及的问题并不都是重要的问题。对于不从事哲学工作的人来说，有些问题看起来可能很荒唐。例如，思想是如何与身体联系起来的？大部分人都知道，在没有瘫痪的情况下，举起右手是世界上最简单不过的事情——我们只要想举起右手，就能举起来。但是从17世纪的哲学家勒内·笛卡儿（René Descartes）的研究开始，哲学家们就一直饶有兴致地争论怎样才能正确地描述人的思想和身体之间的联系。

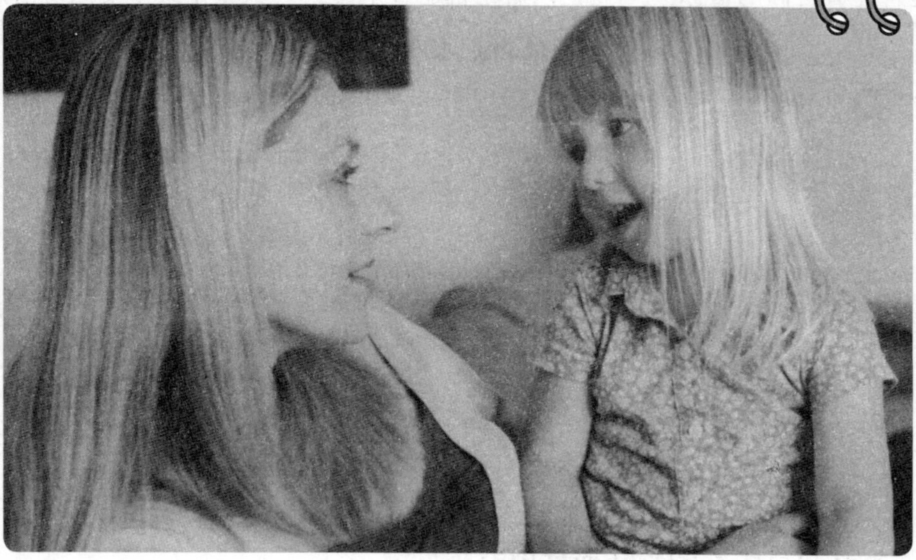

孩提时代，我们总是问大人们一些关于世界和宇宙本质的问题。而成为大人后，我们中许多人似乎对此失去了兴趣。哲学家们一直在努力研究并试图回答这些有关生命意义的问题。（图片来源：iStock图像）

西方哲学的两大主题是什么？

西方哲学一直有两大主题：自然世界和人类社会。自然世界包括大自然、物理存在以及宇宙。人类社会包括人类以及人类的价值观、经验、思想、道德、社会、政府、文化和人的本性。

哲学当然存在于所有文化和日常生活中，但是西方哲学是一种独特的思维方式，这种思维方式包含西方哲学家所认为的对自然和人类社会重要的一些假设和概括。西方哲学家并不像历史学家那样专注于人类起源的故事或者历史事件，也不像传记作家那样专注于个人生活。哲学家会从总体上抽象地考察事件和生活，从而告诉我们某个类别和种类的事件以及生活的实际情况。

哲学和日常生活有什么联系？

每个人可能都曾经想过这样一些关于普遍事物的难以回答的问题：“生活是否还有更高的目标？”“死亡以后是否还有生命？”“人生中最重要的事情是什么？”“我有自由意志吗？”不管父母们是否意识到了，小孩子很自然地会问父母一些需要从哲学角度回答的问题。

上帝在哪里？

哲学家把上帝看作是自然世界或者人类社会的一部分；或者认为上帝同时存在于两者中，或者在两者中都不存在。

宗教和哲学之间存在怎样的关系？

宗教和哲学都讨论上帝的问题，但是哲学并不像宗教那样专门只讨论上帝。哲学更倾向于只讨论宗教中的“思想”。根据各种文化中宗教思想的范围和力量不同，哲学家都在不同程度上与神学有关联。比如，虽然在中世纪时期天主教会是主要机构，但是托马斯·阿奎那（Thomas Aquinas）等哲学家也主要研究与上帝有关的问题。

古希腊哲学家不太热衷于宗教研究，他们后来被称为“异教徒”。在18世纪的启蒙时期，大部分哲学研究都是非宗教而世俗的。哲学的这种世俗性在一定程度上受到了大卫·休谟（David Hume）质疑宗教实践和上帝存在的著述的影响。后来，19世纪和20世纪的哲学家把该领域发展成不要求宗教参与的世俗研究。

哲学有哪些分支？

哲学的众多分支包括：

伦理学——在面对关于幸福或伤害的问题时，人们应该怎样做。

科学哲学——回答科学是什么、科学如何发展、科学真理的性质等问题。

社会和政治哲学——解释社会和政府的运作方式、目的、成为社会机构的原因以及如何处理社会和政府问题。

认识论——回答什么是知识、我们如何判断某事正确与否、感官感知和抽象真理之间是什么关系等问题。

形而上学——回答现实的本质、什么是物质、各种不同事物之间的关系、思想与世界之间的关系等最普遍的问题。

心灵哲学——研究关于意识的形成和作用，它是否依赖大脑，它如何与身体相联系，记忆和个人身份的本质。

美学——研究艺术，探索什么是美，艺术作品如何不同于自然世界和其他人造物品，等等。

古代哲学——公元前800—公元400年左右是西方哲学的诞生时期，古代哲学主要涉及基督教之前古希腊和古罗马的思想。

中世纪哲学——400—1300年包括文艺复兴的欧洲哲学思想。在文艺复兴以前，基督教提供了主导世界观和日常生活的组织准则。

现代哲学——研究17世纪至18世纪之间当代哲学的起源与发展。

19世纪哲学——现代哲学的“经典时期”，在此期间，格奥尔格·威廉·弗里德里希·黑格尔（Georg Wilhelm Friedrich Hegel）、伊曼纽尔·康德（Immanuel Kant）、约翰·斯图亚特·密尔（John Stuart Mill）著书立说。

分析哲学——专业哲学的一种，非常抽象而且技术性强，发展于20世纪。

后现代哲学——20世纪后半叶的一种思想流派，包括几个世纪以来哲学家们对一些共同关心的问题所作出的假设以及反应。

不同分支的哲学家之间会相互合作并和睦相处吗？

后现代主义之后，许多哲学分支内部发生了进一步的分裂，对欧陆哲学（源自法国和德国）的兴趣使人们接触到了存在主义、现象学、解构主义。学术哲学家们开始忙于本文化领域内部的争论。经验主义者或主流哲学家既要保卫他们的传统方法，又要建立起一些准则来反对那些以人类存在、经验以及文化批评为中心的哲学研究。

哲学立刻导致了其他科学的出现吗？

不是。在17世纪末之前，自然科学还被称为“自然哲学”。19世纪以前，社会科学还不存在，当时人们只在哲学领域内研究社会科学。

哲学实践和哲学学科之间是什么关系？

哲学除了是一种活动之外，还像心理学、历史学、生物学、文学等一样是一门学科。当把哲学视为一门学科时，人们主要通过研究以往哲学家们的著作来研究哲学的历史。在20世纪初，哲学主要是一门学术学科，有很多不同的分支。作为一种实践，学术哲学家的活动主要包括在大学授课和撰写学术著作。这些哲学著作为人们的哲学研究工作提供了大量的信息和内容。

▶ 哲学是如何与其他学科相关联的？

哲学目前是大学人文学科中的一门科目。其主要目的是研究和发展学生的系统思维习惯，使学生能够识别并评价他们自己的生活选择，理解他们所生存的社会。由于哲学在很大程度上关注思想、信仰和价值观，所以它很容易与现代文化批评中的文学联系在一起，也很容易和其他领域的分析性学科，例如医学道德学、商业道德学等结合在一起。由于哲学家在课程中增加了女权主义、环境问题、社会公平问题等内容，哲学与其他学科的联系就更加紧密了。

▶ 某些科学的研究是起源于哲学吗？

是的。17世纪末以前，自然科学一直被叫做“自然哲学”。在19世纪以前一直没有形成社会科学，所有的社会科学研究都是以哲学的名义进行的。许多科学是在哲学争论上发展起来的。西方科学始于公元前7世纪的前苏格拉底时代。那时的科学家是有历史记录以来第一批用理智而非神话来思考世界的人。很久以后，西方哲学才有了另外一种重要的思想来源——艾萨克·牛顿（Issac Newton）的研究。牛顿从事当时被称为“自然哲学”的研究，但是到今天，他总是被人们称为“物理学家”。

化学也起源于与牛顿同时代的罗伯特·波义耳（Robert Boyle）的哲学探索。在20世纪早期，哲学家威廉·詹姆斯（William James）建立了心理学。20世纪中期，诺姆·乔姆斯基（Noam Chomsky）将哲学和语言学结合在一起，开创了认知科学。

在社会科学方面也存在同样的联系。政府的理念和政府的形式——现在属于政治学范畴——首先是由柏拉图（Plato）、亚里士多德（Aristotle）、托马斯·阿奎那、托马斯·霍布斯（Thomas Hobbes）、约翰·洛克（John Locke）以及约翰·斯图亚特·密尔等人提出的。人们认为建立了共产主义和社会主义理论基础的卡尔·马克思（Karl Marx）也是借鉴和修改了黑格尔的思想。

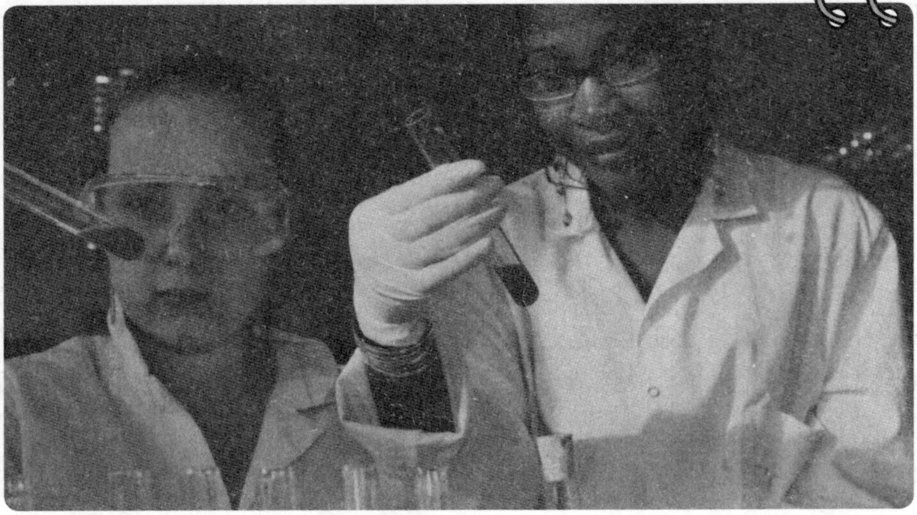

今天的所有科学——包括天文学、化学、物理学、心理学以及其他所有科学——都有其哲学根源。(图片来源：iStock图像)

第一位系统地研究历史的历史学家是詹巴蒂斯塔·维柯(Giambattista Vico)，他就是一位哲学家。首位社会学家，奥古斯特·孔德(Auguste Comte)是一位实证主义哲学家。还有哲学家伊曼纽尔·康德，人们公认他为人类学的创始人。

在20世纪，社会运动从哲学家的研究中得到了很有价值的启示。比如，女权运动受到了西蒙娜·波伏娃(Simone de Beauvoir)的影响，民权运动受到了W. E. B. 杜波依斯(W. E. B. Du Bois)的影响，动物权益运动受到了彼得·辛格(Peter Singer)的影响，而环境保护运动则受到了阿恩·奈斯(Arne Næss)的影响，他提出了"深层生态学"的概念。

哲学只是一门枯燥的学问吗?

绝对不是！很多哲学家是古怪的人，因此哲学史上也充满了不同寻常的奇闻轶事。

▶ 哲学仅存在于西方吗?

并非如此。哲学作为一种个人的思想倾向和文化传统,自从有历史记录以来就一直存在于所有人类社会中,而且其历史有可能更为久远。在美国和欧洲,哲学成为学者们职业化的专门研究,并且在20世纪成为高等教育课程的重要内容。但在很多地区,尤其是那些主要居住着原住民的地区,只是以口述的方式传承着自己的哲学思想。非洲哲学和美洲本土哲学的口述内容主要探讨时间、空间、起源、道德等问题。

在印度哲学、日本哲学和中国哲学(统称亚洲哲学或东方哲学)中,哲学思想也以书面的形式得以完备地保存,其历史至少可以追溯到苏格拉底时代。这些哲学体系以及非裔美国人的哲学、拉美哲学等逐渐成为美国哲学课程中的重要部分。

▶ 哲学仅仅是哲学家个人的信仰和理论吗?

不是。哲学是很宽泛的领域,甚至有点烦琐。可以进一步研究哲学家、哲学家所强调的主题、历史时期,甚至地区(如希腊、法国、德国、英国、中国、美国、印度,南美洲、非洲,等等)。

▶ 哲学领域是否有很大的进步?

哲学领域的进步体现在两个方面。首先,哲学研究反映了处在当时历史时期的人们所关注的焦点。比如,在17世纪,现代国家开始形成的时候,约翰·洛克、托马斯·霍布斯等哲学家撰写了关于现代民主政府的起源问题的文章。在20世纪,哲学家们开始讨论如何将伦理学应用于解决现代医药给人们带来新的选择这个问题上。其次,哲学发展的第二种方式是哲学思想随着时间的推移而发展。哲学的这种发展方式主要是以哲学家之间的对话实现的。哲学家可能会与历史上的前辈对话,也可能与同时代的其他哲学家对话。

▶ 哲学家们从事什么工作?

从1940年开始,职业哲学家被聘为大学教师。他们还通过发表文章或者出版书籍的方式推动哲学学科的发展。

▶ 现在，哲学与日常生活有关吗？

当然有关！哲学与我们的日常生活有很大关系。但是。根据读者的不同兴趣，哲学的某些部分可能与生活的关系更加紧密，某些部分也可能比其他部分更加抽象。

二 古代哲学

哲学为什么起源于古希腊?

古希腊拥有悠久的民主文化传统,它激励个人思想的独立、对权威的质疑和同伴之间的争论。

古希腊航海、贸易和战争频仍的本质有助于奴隶社会中的特权阶级去发展宏大的哲学思想。从前苏格拉底时代的哲学家们开始,希腊哲学家就不仅仅是思想者,他们还是行动主义者、领导者和民权运动参与者。此外,希腊人崇尚战争并且赞扬人们在战斗中体现出的勇气和荣誉等美德。在礼貌的交谈中,他们也会毫不犹豫地提出不同的意见,这也有助于开展哲学争论。

什么是希腊智慧?

尽管西方哲学家常常将古希腊作为他们所了解的哲学的发源地,但是其实古希腊人自己的智慧观念却比哲学更加广阔。活跃于公元前650—公元前620年之间所谓的"古希腊七贤"中,只有一位是哲学家——米利都的泰勒斯(Thales of Miletus),其他几位都是政治家或者人民领袖。古希腊七贤的名言包括:

- 米利都的泰勒斯:"过分执着稳健只会带来灾难。"
- 梭伦(Solon):"避免极端。"
- 斯巴达的奇伦(Chilon of Sparta):"认识你自己。"
- 普里恩的毕阿斯(Bias of Priene):"人多手脚乱。"

- 林度斯的克莱俄布卢斯（Cleobulus of Lindos）：“凡事取中庸之道。”
- 米蒂利尼的庇塔库斯（Pittacus of Mytilene）：“紧抓时机。”
- 科林斯的佩里安德（Periander of Corinth）：“三思而后行。”

前苏格拉底时代希腊哲学

▶ 前苏格拉底时代的哲学家都有谁？

前苏格拉底哲学家（指苏格拉底时代之前的哲学家）指的是远离古希腊的文化中心雅典的一个偏僻小岛上的希腊城邦的哲学家。在整个西方文明时期，他们的思想在希腊学者中广泛传播。按照时间顺序，前苏格拉底哲学家主要包括：米利都的泰勒斯、阿那克西曼德（Anaximander）、米利都的阿那克西米尼（Anaximenes）、毕达哥拉斯（Pythagoras）、赫拉克利特（Heraclitus）、阿那克萨哥拉（Anaxagoras）、巴门尼德（Parmenides）、埃利亚的芝诺（Zeno of Elea）、恩培多克勒（Empedocles）、留基伯（Leucippus）、德谟克利特（Democratus）。他们都受过良好的教育，并且有充足的时间去思考一些深刻的问题。

亚里士多德的学生狄奥弗拉斯特的著作帮助哲学家了解了前苏格拉底时代。（图片来源：iStock 图像）

▶ 前苏格拉底时代的主要著作有哪些？

前苏格拉底时代没有任何完整的文字记录流传下来，关于当时哲学家们的生平我们也所知甚少。我们仅仅是从其他哲学家那里才得知前苏格拉底时代的哲学情况。然而赫拉克利特的著作已经残缺不全，恩培多克勒的著作仅剩下了450行。由于我们没有一手资料，所以无从得知前苏格拉底时代的哲学家的思想在多大程度上已经被诠释者曲解了。

前苏格拉底时代的主要思想是什么？

泰勒斯、阿那克西曼德和阿那克西米尼均来自米利都，他们认为自然世界由某一种物质构成，比如水、“无限物质”或者空气。所谓的“无限物质”可能是我们所认为的无穷尽的物质之类的东西。毕达哥拉斯认为一切都是由数字构成的。但这并不意味着像我们可能认为的那样，一切事物都是建立在数学的基础上。毕达哥拉斯认为数字本身就是真实的事物，存在于所有其他存在物之中。赫拉克利特认为世界和世界中的物质是不断变化着的，他指出这种变化比构成世界的物质更加重要。相反，巴门尼德认为变化需要物质从不存在状态变为存在状态，正是因为这个原因，他认为变化是不可能或者不真实的。赫拉克利特和其他米利都学派哲学家认为构成世界的真正的物质不能发生变化。恩培多克勒在这个理论基础上，提出了四种基本物质：水、土、火、气。但阿那克萨哥拉认为世界上远不止这四种元素，其数量可能无穷。德谟克利特则认为一切都是由原子构成的。

前苏格拉底哲学思想有何创新之处？

前苏格拉底哲学家试图对自然现象和事件进行自然解释，而不是依赖对神的行为的神话性描述来解释我们存在的本质。正是由于这种方法，前苏格拉底哲学家们可以称为第一批西方科学家——尽管他们的很多思想在科学发达的今天听起来很离奇。

前苏格拉底哲学家之间的对话展示出了他们怎样的哲学思想？

前苏格拉底哲学家的哲学可以看作是一段庞大的思想对话。如果从时间上看，我们可以看出这些哲学家思想发展的历史脉络，而且可以看出他们的思想在不断地进步着。由于每一代学生都会认真研读并评论其师长以及其师长的反对者的思想，所以每一代人都会发展出自己的哲学模式。从前苏格拉底时代以来，哲学家们一直在思考前辈的思想，并且试图来完善或者反对这些思想。

前苏格拉底哲学家及其思想

作为西方哲学史上的首位哲学家，泰勒斯作出怎样的贡献?

其实真正重要的并不是泰勒斯的思想，而是他那种敢于大胆地思考全部物质存在的精神。泰勒斯的家乡在米利都，这个地方与埃及有着紧密的联系。像埃及人一样，泰勒斯认为地球是浮在水面上的，因此水或水汽是世界的基本物质。亚里士多德认为泰勒斯受到了生活中对人们至关重要的水的深刻影响。事实上，泰勒斯似乎认为生命是神圣的，存在于宇宙的各个角落。据说，泰勒斯曾说过："万物皆有神在。"泰勒斯最著名的思想是他认为水的运动和质量可以用来解释生物的行为以及自然事件。因此，水的运动就是首要运动准则（首要运动准则负责规范一切事物的运动），而且水是宇宙中的首要物质。

泰勒斯还有哪些其他成就?

泰勒斯曾经去过美索不达米亚和埃及，研究过天文学。他曾经预测出公元前585年吕底亚人和波斯人进行战斗期间将发生日食。传说他改变了哈利斯河（现称克泽尔河）的流向，克罗伊斯国王因此能够跨越这条河流。据说他能够测量金字塔的高度，能够测量大海的距离。他在工程学方面的应用研究帮助他发现了一些几何学定律。人们对泰勒斯的智慧给予了高度评价。

阿那克西曼德如何试图修订泰勒斯的哲学?

阿那克西曼德对热和干燥的概念很感兴趣，他认为这和泰勒斯关于又凉又湿的水的想法相抵触。他推测水不可能是产生其他物质的首要物质，因为

泰勒斯有哪些传闻？

泰勒斯不仅仅用水或水汽来解释宇宙。在哲学之外的实际生活中，泰勒斯还是很精明的。在某个大旱之年，泰勒斯预计第二年的雨水会很好，于是买下了所有的榨油机。据说，第二年他果然大赚了一笔。因为橄榄大批收获的时候，只有他能榨油。还有人说泰勒斯在观看体育赛事的时候死于脱水，当然这是个讽刺。

柏拉图的《泰阿泰德篇》(*Theatetus*)记叙了苏格拉底的这样一段描述："聪明的色雷斯女佣嘲笑泰勒斯，因为他在仰望星空的时候掉进了井里。女佣说泰勒斯急于知道天上的事情而忽略了自己的脚下。"苏格拉底接着说："这个玩笑适用于所有的哲学家。哲学家可能根本不知道他隔壁的邻居是谁。他一无所知，既不知道他在做什么，也不知道他自己究竟是人还是动物。他追寻的，是人的本质。"

首要物质必须能够产生所有其他物质。因为水凉而潮湿，所以它不能产生热而干燥的物质。因此，阿那克西曼德认为，首要物质既不是水，也不是热而干燥的物质。

阿那克西曼德把自己提出的这种不能被感知的首要物质——只有冷而潮湿或者热而干燥的物质才能够被感知——叫做"无限物质"，它是一种永恒的物质，能够导致其他事物发生变化，但是自己本身并不变化。换句话说，"无限物质"不能被感知，但是它是所有热而干燥、冷而潮湿以及所有变化物质的本源——它是世界上所有可以被感知而且确实被我们感知的事物的本源。

在阿那克西曼德看来，我们通过包围着地球的冷而潮湿的孔洞而看见太阳、月亮和星星。在地球上，潮湿和干旱的物质形成了土地和海洋，而生物则是太阳作用于水汽产生的结果。在他看来，所有生命起源于海洋，这种思想和后来的进化论刚好吻合。

阿那克西米尼对阿那克西曼德的理论进行了怎样的修改？

阿那克西米尼也是泰勒斯创建的爱奥尼亚学派的一员，他追寻阿那克西曼德的思想，认为宇宙的首要物质是气。气本身可以由热变冷，又可以由冷变热。因此，如果把气看作首要物质，那么就不需要再去解释首要物质是如何产生了各种不同的可感知的事物了。气既可以膨胀又可以压缩：膨胀的气就是火；压缩的气则是风、云、水、土、石等密度高一些的物质。很多宗教传统把生命本身就看作是呼吸。古希腊人很早就有这种想法，可以追溯到公元前8世纪。但是阿那克西米尼是第一位正式表达这种思想的人。

为什么毕达哥拉斯很重要？

人们认为毕达哥拉斯创造了“哲学”这个词。毕达哥拉斯出生于萨摩斯岛，但却定居在克罗顿。他在克罗顿建立了一个协会，那同时也是一所学校、一种生活方式、一套哲学和政治信仰。毕达哥拉斯发现七弦琴上四根固定的弦所标示的音程可以用数字1、2、3、4的比率来表示。这一重要发现构成了音乐和声概念的基础。毕达哥拉斯进一步解释数字是如何与天体运动等自然现象相呼应的。毕达哥拉斯对数学的这种洞察影响深远，因为数学就是现代物理学的语言。

毕达哥拉斯和他的追随者们还对数字命理学和有关数字神秘意义的理论很感兴趣。他们认为音乐是数字的灵魂体现，而且认为合适的行为——如日常习惯、饮食、演奏乐器等——能够使人们聆听到来自天际的音乐。他们都是坚定的素食主义者，并且不吃蚕豆。

为什么赫拉克利特反对毕达哥拉斯关于生命本质的看法？

赫拉克利特认为生命的本质是各种相对的事物之间广泛的斗争。理性是永恒不变的，它是宇宙中理智的支配性原则，以火的形式出现，等同于灵魂或者生命。在理性内部，个人的努力会带来不断的变化。

谈到毕达哥拉斯，大部分人都会想到他在数学方面的贡献，但是很少有人知道他的思想在哲学界也很重要。（图片来源：iStock图像）

赫拉克利特为什么到现在仍然很知名？

“人不能两次踏入同一条河流。”这句话正是出自赫拉克利特。他的意思是说，人生和境遇就像河流一样，处在不断的变化之中。

巴门尼德及其埃利亚学派的主要思想是什么？

埃利亚的巴门尼德以及他的两个学生——埃利亚的芝诺和麦里梭（Mellissus of Samos）——创建了埃利亚学派。巴门尼德认为应该把一切事物的最终首要物质同我们所感知的、由许多不同事物组成的现实结合起来。他认为现实是没有差别的整体，它静止不动，也不会变化。巴门尼德否认变化，也否认人类常常经历的仅仅是表象或者幻象的许多不同事物。

赫拉克利特认为生命的本质是各种相对的事物之间广泛的斗争。（图片来源：艺术文献库）

巴门尼德对“存在”是如何推理的？

巴门尼德首先提出现实，即不变化的事物，只有“存在”。因此，任何不同于此的都是不真实的，没有任何事物能够将“存在”分开。从定义就可以看出，“存在”既不运动也不变化。因为只有“存在”是真实的，所以我们所感知的运动和变化的事物都是不真实的。

埃利亚的芝诺告诉人们如果认为事物是变化的、运动的，将导致谬误。他以此来证明“存在”的思想是正确的。芝诺因为提出悖论而闻名于世。麦里梭补充认为“存在”是无限的，并且坚持认为存在空洞空间。

毕达哥拉斯学派为什么不吃蚕豆?

人们提出了很多原因来解释为什么毕达哥拉斯学派的人不吃蚕豆。有的说蚕豆中有死者的灵魂;有的说因为蚕豆的外形和人类的胚胎相似,所以吃蚕豆就像是同类相食;有的说蚕豆形似睾丸或者地狱之门;有的说蚕豆会引发寡头政治或者富人统治,因为人们通常用蚕豆来抽签;还有的说蚕豆会使人丢失一部分灵魂,因为吃蚕豆使人排气。

在人们发现美洲之前,蚕豆是欧洲唯一的豆类食品。现代研究表明,地中海地区的人民缺乏葡萄糖-6-磷酸脱氢酶。缺少这种酶的人中,有1/5会因食用蚕豆引发肾脏损伤。但另一方面,嫩蚕豆含有左旋多巴,一定剂量的这种物质可以有效治疗帕金森病。

巴门尼德之后的哲学家是如何看待表象的本质的?

柏拉图之前的很多哲学家都试图驳斥巴门尼德关于唯一真实的是不变化的"存在"这一观点,支持我们日常生活中的变化和运动。巴门尼德之后的这些哲学家试图建立起事物是运动以及变化着的这一事实。也就是说,他们重塑常识,反驳巴门尼德的说法。巴门尼德说我们认为的真实事物其实并不真实,因为它们不是"存在"。柏拉图以巴门尼德的思想为基础,更加详细地区分出了表象与未被感知的现实。只是在柏拉图看来,未被感知的"存在"可能有很多。但是亚里士多德认为表象是真实的,这就为常识和表象的真实性提供了最成功的辩驳。

前苏格拉底哲学家们对巴门尼德的一元论持怎样的态度?

巴门尼德以后的一些哲学家认为巴门尼德把事情过于简化了,他们对现实的本质提出了更为复杂的解释。虽然他们的尝试并不总能说服同时代的人,但

什么是芝诺悖论?

直到今天,芝诺悖论仍然吸引着数学家和哲学家的强烈兴趣。他关于运动的悖论适用于任何一种距离。芝诺的悖论提出,在你穿过一个房间之前,你必须得穿过一半(1/2)的距离;但是在此之前,必须跨越这个一半距离的一半(1/4);在这之前,必须跨越这个距离的一半(1/8)。以此类推,跨越的任何距离都可以无限地被等分,所以任何物体永远也不可能从一处运动到另一处。

芝诺关于阿基里斯跑不过乌龟的悖论讲的是赛跑时的情形,与上一个悖论稍有不同。假设阿基里斯与乌龟赛跑时,让乌龟在前。在阿基里斯追上乌龟之前,他必须首先到达乌龟的起点。但是由于乌龟在不断地沿着自己的起点向前移动,所以阿基里斯永远不能追上乌龟。

是在哲学史上,他们得到了后人很高的评价。

恩培多克勒提出的"四元素"指什么?

西西里岛的诗人、哲学家恩培多克勒提出了四元素的理论,即火、气、水和土是构成所有其他物质的基本元素。像猫、河流这样的普通事物只不过是这些元素的临时组合。使这些元素运动的成分是爱和冲突。爱使这些元素结合,冲突使它们分离。

意大利艺术家卢卡·西诺莱利(Luca Signorelli)描绘的恩培多克勒。(图片来源:艺术文献库)

▶ 阿那克萨哥拉是怎样论述思想的?

阿那克萨哥拉认为运动的首要原因是思想,这不同于其他任何元素。思想可以创造出一个旋涡,其他物质可以从这个旋涡中分析出来,思想就是以这样的方式创造了世界上的事物。

▶ 第一个提出原子的概念的人是谁?

德谟克利特是留基伯的学生,他反对巴门尼德和芝诺的观点。他认为空洞的空间是真实的,该空间由大量不可分割的物质构成。他把这些物质叫做原子。原子在无限的空间内运动。原子之间会发生碰撞,它们的运动会产生旋涡。不同的物质从旋涡之中产生。我们唯一能够感知到的就是大小和形状,因为原子具有大小和形状,而我们感知的其他物质都是幻象。德谟克利特是现代原子论的先驱。

1967年希腊100德拉克马面额钞票上的德谟克利特画像。(图片来源:大图片文献库)

诡 辩 家

▶ 诡辩家都有谁?

在公元前5世纪至公元前4世纪早期的希腊,诡辩家的出现有助于解决日益增加的诉讼和教育问题。我们想象一个专业人士,他既是律师,又是一位能够自立的私人教师,这样的人就是一位诡辩家。诡辩家们公开宣传要教

主要的诡辩家有哪些人？

与其他时期相比，公元前5世纪的希腊拥有数量最多的诡辩家，我们根据古代的二手材料得知，雅典的主要诡辩家包括：高尔吉亚（Gorgias）、普罗泰戈拉（Protagoras）、伊利斯的希庇亚斯（Hippias of Elis）、凯阿岛的普罗迪科斯（Prodicus）、比提尼亚的特拉西马库斯（Thrasymachus）。

希腊人怎样在公共和民间生活中获得成功，并收取费用。他们总是在巡游中，而且其中一些人非常知名。从思想上讲，诡辩家是实用主义者（一般意义上而非哲学意义上的实用主义者）和相对主义者的结合。在我们的时代，实用主义者指很实际的人，他们追求结果，而不追求自大的原则或者抽象的理论。相对主义者认为不存在绝对的真理或者普遍的价值，仅仅存在个人的情况和个人愿望。

为什么诡辩家在哲学上有重要意义？

诡辩家并不是有好名声的人，甚至他们古代的继承者（尤其是柏拉图）对诡辩家在哲学方面的贡献并没有太高的评价。但是这种评价未必完全公正。诡辩家并不像前苏格拉底哲学家们那样关注自然的、非人类的世界，他们关心的是人的本性和人类事物。诡辩家算得上是西方哲学史上的第一批人文主义者。但是我们应该记住的是，诡辩家们的很多思想与柏拉图所珍视的经典永恒智慧并不相符，而目前我们所能看到的对诡辩家的描述则多出自柏拉图之手。

诡辩家们作为有知识的公众人物，传播了很多既有的知识和智慧，当然也进行了一些原创性的改进。他们谈及的话题主要包括语法、语言理论、伦理学、政治哲学和理念、宗教、关于神的思想、人类的本性和人类的起源、文学批评、数学，还包括对前苏格拉底哲学家所讨论的自然世界的猜想。

▶ 诡辩家的重要观点有哪些？

首先，诡辩家反对前苏格拉底哲学家的观点。前苏格拉底哲学家认为存在一种至高无上的现实，这个现实不同于我们在平常世界中所感知和经历的事物，但是却在一定程度上引发我们确实感知和经历的事物。诡辩家则高度重视人类世界，也就是20世纪哲学家尤尔根·哈贝马斯（Jürgen Habermas）所提出的著名的"生活世界"[其实是埃德蒙·胡塞尔（Edmund Husserl）首先提出了这个词语]。诡辩家们认为美德是可以被教化的，这就意味着不管财富情况和社会阶层如何，任何人都可以进入政府。在这个意义上，诡辩家促进了希腊民主的发展。

诡辩家坚持认为道德信仰应该具有理智，而且能够禁得住理智辩论的检验。诡辩家对道德的理解是，人类本性常常与社会或传统相违背，而诡辩家则支持本性。

最后应该提及的一点是诡辩家开创了口述传统的先河。后来苏格拉底把这个传统提升到了无与伦比的完美程度。苏格拉底去世之后，千年间没有任何一位哲学家或者一个哲学流派在口述领域能够与其相比。

▶ 普罗泰戈拉因何出名？

普罗泰戈拉是声誉最高的诡辩家。柏拉图曾写道，他是第一位把自己视为诡辩家的诡辩家。他训练年轻人学习政治，而且与政治家伯里克利（Pericles）是朋友。伯里克利曾要求他为新阿布德拉城撰写宪章。普罗泰戈拉是一位多产的作家，主要作品包括《论真理》（*On Truth*）、《论神》（*On the Gods*）、《论相反论证》（*Antilogic*）等，但是没有一部流传下来。普罗泰戈拉留传下来的最著名的人文主义哲学名言就是："人是万物的尺度，人存在时万物存在，人不存在时万物则不存在。"

普罗泰戈拉认为灵魂不是超越感知之外的事物。他的相对主义思想是建立在不同人的不同感知经历的基础之上的。比如，某人觉得冷的东西，另一个人可能会觉得热。他还把个人的相对主义推广到了更广的范围，他说："对于一个城市来说是公正的事情，在它看起来公正的时段之内，它都是公正的。"

但是，虽然所有关于公正的感知和思想都是真实的，普罗泰戈拉也承认他认为有些感知和思想会比其他的更好。他认为诡辩家应该负责改变人们的想法，以便培养对于公正和美的更好的想法。较好的感知会带来更好的结果。换言之，诡辩家们教他们的“客户”如何获得成功。

▶ 高尔吉亚如何论述思想和存在？

高尔吉亚教授人们说服的艺术以获得政治上的成功。他流传至今的论文《论不存在与自然》(*On Nature or the Non-Existent*)认为：没有任何事物是真实存在的；即使有事物可能存在，也不能够被人类认识；即使人类能够认识，也不能够通过交流告诉别人。我们虽然形成了对于某事物的想法，但是这并不意味着该事物存在。思考并不意味着所思考事物的存在，否则，人类就不能对一些事物进行思考了(例如，人想象中的动物)。换言之，我们想象的事物并不都存在。因此，高尔吉亚得出结论说，存在物是不能被思考的。思想和物之间的这种差别同样存在于语言和物之间、思想和不同人之间。

▶ 高尔吉亚关于存在物不能被思考的说法合理吗？

答案是否定的。他的推理存在问题。思考某事物不能够保证该事物是存在的，但这并不意味着我们所思考的事物全都是不存在的。

▶ 希庇亚斯对学识的贡献是什么？

伊利斯的诡辩家希庇亚斯在旅行中赚了很多钱。他知识广博，会写诗、剧本、历史记录以及演讲稿，还能够讨论文学、天文学、几何学、算术、艺术、伦理学、记忆术等内容。他有一项重要的数学发现：发现了用于等分角度的割圆曲线。他反对诡辩家关于隐藏的现实的说法，倡导把自我满足看作是美德。也就是说，如果一个人想做一件事，而恰恰这件事被某些规则所禁止，那么他赞成人们应该打破这些规则去做这件事。

▶ 普罗迪科斯告诉了人们什么？

席奥斯的普罗迪科斯认为，恩培多克勒所提出的四种基本元素——土、气、火和水——是神圣的[戏剧家阿里斯托芬(Aristophanes)曾经在著作

《鸟》(*The Birds*) 中嘲笑了这一观点]。普罗迪科斯还认为对于人类来说，必要的东西都是神圣的。在古希腊，这种观点是非传统的宗教观点。

普罗迪科斯认为没有绝对的好与坏。对一个人来说好的东西，对另外的人来说却未必好，这是相对主义的观点。在普罗迪科斯对语言的论述中，他向人们展示了两个词可以有相同的意义。而且他不同意德谟克利特的观点，德谟克利特认为同样的事物可以有不同的名称。

特拉西马库斯是怎样看待正义的?

比提尼亚的特拉西马库斯作为柏拉图的《理想国》(*Republic*) 中的人物而被人们知晓。在苏格拉底初步尝试给正义下定义的时候，他痛斥了特拉西马库斯。特拉西马库斯认为正义只不过是对当权者有益的东西，因此对于被统治者来说，正义毫无意义。在实际生活中，据说特拉西马库斯不仅在雅典很知名，而且还游历了整个希腊，并在全希腊教书。他还为议会的一名议员写演讲稿。他支持希腊的统一，倡导政府应该提高效率。

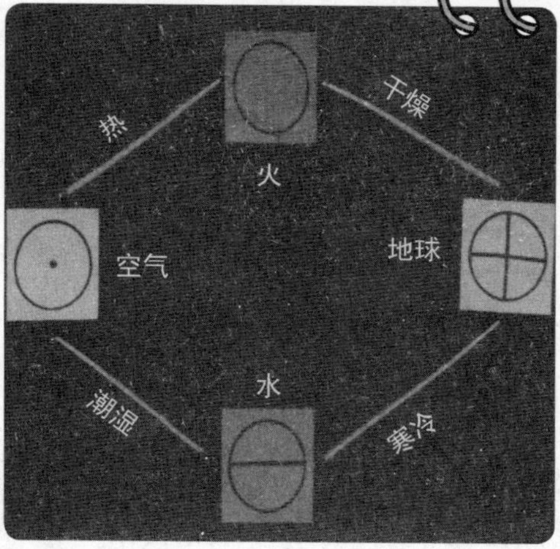

有些诡辩家认为世界由四种基本元素构成，其中还有些人认为这些元素是神圣的。(图片来源 : iStock 图像)

普罗迪科斯靠什么谋生?

普罗迪科斯是一位诡辩家，也是他的家乡凯阿岛的大使。他广泛游历，并从讲学中赚了很多钱。他的一项专长是区分近义词。据柏拉图的《普罗泰戈拉篇》(*Protagoras*)和《美诺篇》(*Meno*)的记载，苏格拉底自称是他的学生。普罗迪科斯的演讲有两种价格和标准：1德拉克马(Drachma，古希腊银币名)一场和50德拉克马一场。苏格拉底曾开玩笑说，如果他能够有钱去参加50德拉克马一场的演讲，他一定能更加博学。1德拉克马一场的演讲的听众要多得多，但是据亚里士多德说，普罗迪科斯有时会给这样的听众打个折——"把他们悄悄带进50德拉克马一场的演讲里"。若是如亚里士多德所讲确有其事，那么博学的评论家们可能忽略了一种可能性——发明了现代营销策略的正是诡辩家。

苏格拉底

苏格拉底确有其人吗？

雅典的苏格拉底是一位真实的历史人物，也是与柏拉图进行对话的主要人物。在这两种角色中，苏格拉底都是完善了诡辩家的言辞、辩论和对话的人，但是在柏拉图后来所描述的对话中，他只不过是作为柏拉图深邃的哲学思想的代言人出现而已。

一尊苏格拉底塑像耸立在希腊雅典学院。(图片来源：iStock图像)

虽然人们对于柏拉图所描述的哲学家苏格拉底在多大程度上包含着柏拉图本人杜撰的成分颇有争论，但是争论更大的还有苏格拉底一生中的一些关键史实。所有人都认为苏格拉底的一生实践着自己的原则，其中最著名的原则是“浑浑噩噩的生活不值得活下去”。苏格拉底的父亲索弗洛尼斯科是一名石匠，母亲菲娜拉底是接生婆。苏格拉底常常把自己发表哲学演说的方式称为接生婆式。在柏拉图的《美诺篇》中，他借助接生婆这一角色从一名奴隶男孩身上推导出精确的真理，以此来证明灵魂中存在着固有的思想，人在出生以前就从某个神圣之地获得了这种思想。

苏格拉底与雅典将军、政治家、公正的阿里斯提德是朋友，雅里斯底德帮助苏格拉底一生与雅典的统治阶层保持着联系。在伯罗奔尼撒战争（公元前431—公元前404年）中，他是一名勇敢而称职的步兵。但是当他专心于哲学研究以后，他就陷入了贫困。在以后关于苏格拉底的记载中，他的妻子赞西佩被描述成一名悍妇。但苏格拉底很关心他的孩子，他曾经委托朋友在他死后帮助他的孩子完成学业。

苏格拉底后来被处死，据柏拉图的《申辩篇》（*Apology*）和色诺芬（Xenophon）的《申辩篇》的记载，处死苏格拉底的理由是他“不信仰国家所信仰的神，还引入不同的神圣力量，腐化了年轻人”。他自己喝下了毒酒，而没有听从朋友们的安排逃跑。如果逃跑，他将被终生流放。他拒绝逃跑因为他认为逃跑很不光彩，而且他一生都生活在雅典，遵守雅典的法律，不愿被流放。如果逃离雅典，躲避死亡，就意味着对他思想的不忠。苏格拉底说丝毫不惧怕死亡，因为他对死亡一无所知。如果没有来世，那么死亡就和睡觉一样；如果确有来世，那么来世他就能够在更高的层次上进行演说——那将是天堂。还有一种解释是说苏格拉底已经没有什么值得留恋的了——他已经人到暮年了。

▶ 苏格拉底悖论指什么？

苏格拉底对一些看似与常识不符的说法进行了解释，例如：

悖论1：没有人想追求邪恶，但是很多人却有邪恶的目的或者自己变得邪恶。这是因为那些追求邪恶的人并不知道他们所追求的事物是邪恶的，所以说，无知才是邪恶的根源。

悖论2：成为不公正的受害者要好于成为恶人的受害者。因为公正是首要的美德，也是其他所有美德的一个共同特点。获得美德，找到幸福之路是生命的主要目标。幸福是公正的结果，因此它是一种内在的事物，不受外部环境的影响。

苏格拉底的讽刺指什么？

在实际生活和柏拉图的对话中，苏格拉底喜欢以什么都不知道、什么都不了解的姿态出现，然后引导听众进行争论。虽然苏格拉底总说自己所知甚少，但是神谕说没有人比苏格拉底更聪明。苏格拉底声称自己所知甚少这一件事就使得他高于其他人。

苏格拉底会在对话开始的时候，赞美对方的才华或者美德，如果对方愿意和他交谈，那么接下来苏格拉底将提出一系列精心准备的问题。通过这样的盘问，结果将证明其实对方在他本应精通的领域一无所知。由于苏格拉底在开始就说自己所知甚少，所以他毫无损失。但是与他对话的另一方不是受到羞辱，就是被人们视为江湖骗子。

苏格拉底有哪些重要活动被人铭记？

虽然柏拉图在几乎所有对话中都引入了苏格拉底，但是他早期的对话则更加真实地展现了历史上的苏格拉底。苏格拉底本人没有留下任何作品。苏格拉底曾经与阿那克萨哥拉的学生亚基老一起研究自然哲学。但是当苏格拉底开始学习哲学的时候，他的主要兴趣却转向了伦理学。与大多数的雅典人不同的是，苏格拉底说他并不明白伦理学是如何从宗教中演化来的。

在柏拉图的《欧蒂弗罗篇》(*Euthyphro*)中，苏格拉底在通往一场审判的路上遇到了欧蒂弗罗，他问欧蒂弗罗虔诚是什么。欧蒂弗罗告诉他虔诚就是神喜欢的东西。苏格拉底接着问，是因为神喜欢才成为美德，还是因为虔诚是美德，所以神才会喜欢？如果因为神喜欢才成为美德，那么我们需要知道到底是哪位神喜欢它，因为众神的观点常常不一致。如果因为它是美德所以神喜欢，那么就应该有一个不受神支配的判断美德的标准。例如在此事中，虔诚就是一个标准。这就意味着神本身并不是道德的源泉。当然欧蒂弗罗被问得哑口无言，只好溜走了。

1876年的雕刻描绘了苏格拉底之死。他的罪名是不信仰神，以及“腐化青年”。（图片来源：iStock图像）

在《申辩篇》中，苏格拉底使用辩证法嘲笑并激怒年轻的原告迈雷托，而辩证法正是他被起诉的原因。他讲述了他是如何开始同艺术领域和政府方面的专家交谈以期获取智慧的。他发现除了这些人物高贵的出身、财富和他们让人尊敬的地位之外，他们的知识还不如自己丰富。苏格拉底说，他一直在为雅典服务，开始的时候做一名士兵，后来做一名关心年轻人品德的市民。他声明自己信仰既有的神，否认引入过其他的神。

450人的陪审团以30人的优势判苏格拉底有罪。他除了面临死刑，还有其他的选择。自愿选择流放本可以是个合适的选择，但是苏格拉底宁愿选择自己余生在古希腊的城市公共会堂里接受免费食物，也不愿成为荣耀的战车车夫（战车车夫是战车冠军，他们享有很高的地位，被当作英雄，也有一些是运动员）。苏格拉底说，战车车夫只是使人感觉良好，但他却直接关心人们的幸福。他还答应交罚款，开始的时候同意交1迈纳（古代希腊等地的货币单位），后来在朋友的劝说下同意交30迈纳（对于死刑来说，这个数量仍然是少得可怜。）法庭对于苏格拉底的辩护无动于衷，坚持判处死刑。

在柏拉图《理想国》的序言中，苏格拉底介绍了这种乌托邦思想的缘由。他是在同一群朋友谈论正义的本质的时候对此进行了论述。特拉西马库斯说，正义无非是为当权者服务的东西。接下来苏格拉底描述了正义者的心理，但是这并不能回答正义是什么这一问题。苏格拉底接着说，正义很难从个人身上得以阐述。但是如果把国家看作是个人，那么就比较容易解释什么对国家来说是正义的，从而也就更加容易回答什么是正义这个问题了。《理想国》本身就是柏拉图对正义之国的描述。

苏格拉底问答法指什么？

苏格拉底问答法包括两部分。首先，对某个难以回答的问题进行提问。其次，在给出答案后，再提出另一个问题，然后进行对话。苏格拉底经常向那些被看作很有智慧、很有能力的人提出尖锐的问题。如果他们的回答不尽如人意的话，苏格拉底就会问更多的问题。

一般来说，如果不是要愚弄受问者的话，苏格拉底的问答法是学生和老师之间就某一话题进行不间断对话的一种方法。

阿里斯托芬的喜剧《云》与苏格拉底有什么关系？

人们认为阿里斯托芬的喜剧《云》(*The Clouds*) 是对苏格拉底和同时代学者的讽刺之作。在故事中，斯瑞西阿德是一个雅典人，他极其溺爱他的儿子菲利彼斯。可是他的儿子却使他债台高筑。喜剧演到这里时，苏格拉底悬在空中出现了，他要求斯瑞西阿德脱下菲利彼斯的衣服并把他送进智者苑。

苏格拉底接下来讲述他的发现，比如跳蚤能够跳多远，怎样判断蠓虫是在吹口哨还是在放屁等。他坚持认为导致下雨的是旋涡，而不是宙斯。这部戏后面还有很多荒诞之处，比如苏格拉底从隔壁的摔跤学校偷东西喂给自己的学生吃，在关于新与老的争论中羞辱听众等。最后，斯瑞西阿德的儿子，这个在智者苑接受过教育的孩子，告诉他的父亲，在道德上打父亲和母亲是正确的。斯瑞西阿德大怒，放火烧了智者苑，并且打了苏格拉底和他的学生。

有人认为喜剧《云》导致了苏格拉底的丑闻和审判事件。但是据说该剧第一次演出后，苏格拉底还登台向观众挥手致意。据柏拉图《会饮篇》（*Symposium*）的记载，苏格拉底和阿里斯托芬还在一起友好地喝酒聊天呢。

柏 拉 图

我们确切地知道柏拉图一生有哪些事情？

虽然柏拉图可能是西方哲学史上最有影响、最受尊敬的哲学家，无数的哲学巨著都来自他的思想，但是关于他的一生，人们确切知道的内容却很少。其中的一个原因是，在柏拉图时代，传统的做法是哲学著作中并不提及当时哲学家的姓名。但是人们对于柏拉图一生的一些主要事件还是有些共识的。例如，人们普遍认为苏格拉底接受审判时柏拉图在场，在那以后15至20年中，柏拉图开始了自己的哲学写作。柏拉图出身于一个没有政治问题的富有贵族家庭，他的家庭反对那些民主主义者。柏拉图开始的时候还设想自己会在政治上大有作为，但是在民主主义者当权以及苏格拉底被处死之后，他就断然放弃了政治。

罗马人雕刻的柏拉图雕像。罗马人崇拜希腊人，将希腊文明进行改革后并融入了自己的文明中。（图片来源：iStock 图像）

柏拉图参加了对斯巴达战争的军事行动，他可能加入了骑兵队伍。公元前380年，他到了埃及和西西里岛的锡拉库萨。他作为僭主老狄奥尼修斯和他的儿子小狄奥尼修斯的客人，曾经三次到过锡拉库萨。这父子两人对柏拉图提出的政治观点都很感兴趣，但是对于柏拉图参与西西里政治，大家普遍认为结果是“灾难性的”。柏拉图一生未婚，他81岁去世时比较贫穷。

▶ 柏拉图学院的情况如何？

公元前380年至公元前367年之间的某个时候，柏拉图在雅典创办了学院，他本人就住在那里。柏拉图学院为贵族子弟提供高等教育。它与艾索克拉底（Isocrates）的学校不同，后者正式进行诡辩家教育，教授政治和修辞，目的就是培养律师。但是柏拉图的学生却学习数学、天文学、哲学等科目。亚里士多德17岁的时候进入柏拉图学院，在他二十多岁的时候，学院新开设了修辞课。

柏拉图学院可能是与泰阿泰德（柏拉图以泰阿泰德的名字命名了一篇对话）和天文学家、数学家欧多克索斯（Eudoxus）共同创办的。课堂上，学生们在座位上坐好，并记笔记。一起上课的学生可能从来没有超过100人。人们也无处查证柏拉图是否亲自来此上课。

▶ 什么是柏拉图提出的形式的形而上学论？

柏拉图在哲学上的主要贡献就是他提出的形式的形而上学论。柏拉图所谓的形式指的是神圣之物，通过思想被心灵所认识。这种思想可以带来最美好的生活。形式，如同前苏格拉底哲学家所讲的首要物质一样，涉及人类所经历的一切事物，而且与人类、动物、自然物和人造物的存在和品质有关。事实上，整个存在世界就是由各种形式组成的。甚至思想，比如美丽、真实、正义等，都存在着形式。对柏拉图来说，关键是观察到这些形式在头脑中的反映，而不是这些形式本身。形式是不变的、完美的、神圣的。人类所能够想到、感知、想象的所有事物以及思想和感知到确切事物，都是形式的体现，但是这种体现是不够完美的。

▶ 柏拉图的著作有哪些？

柏拉图现存的著作写作时间跨越了50年。他以优美、戏剧化、充满诗意的对话进行写作，这些作品被学者们按照年代进行了划分。其中《申辩篇》、《查米德斯篇》（*Charmides*）、《克力同篇》（*Crito*）、《欧蒂弗罗篇》、《小希庇亚斯篇》

(*Hippias Minor*)、《伊安篇》(*Ion*)、《拉凯斯篇》(*Laches*)、《普罗泰戈拉篇》被认为是柏拉图的早期作品。中期作品包括《斐多篇》(*Phaedo*)、《会饮篇》、《理想国》、《菲德洛斯篇》(*Phaedrus*)。后期作品包括《智者篇》(*Sophist*)、《政治家篇》(*Statemant*)以及《斐利布篇》(*Philebus*)。《蒂迈欧篇》属于柏拉图中晚期或者晚期的作品。他的书信按照从1—13的顺序排序，一直写到了生命的最后。但是只有第3、第7、第8和第13封书信毫无疑问是真迹。他的遗书也是真迹。

柏拉图时代还没有印刷术，在雅典也没有书店或者图书馆。柏拉图的对话可能是通过口述相传的形式被人们所知。另外，柏拉图还可能假借苏格拉底来阐述自己的思想。

▶ 柏拉图早期的对话主要论述什么？

柏拉图早期的对话大多是辩论式的，采用了苏格拉底问答法。在对话中，苏格拉底是主要人物，他会首先提问。问题的提出和阐述非常清楚，但是最后的结论就不那么明确了。谈论的话题常常是道德问题，常常以虔诚、正义等话题开始，最后告诉大家人们对于这些问题的答案知道得实在太少。

在《美诺篇》中，他告诉人们知识是内在于心灵中的。美诺是一个没受过教育的奴隶孩子，但是苏格拉底却通过一系列高超的提问，从这个孩子身上发掘出了几何学知识。苏格拉底因此得出结论说，由于在人们出生之前就获得了知识，所以我们的知识不是学习到，而是被激活的。

▶ 柏拉图中期的作品讨论哪些问题？

柏拉图关于永生的思想在《斐多篇》《理想国》《菲德洛斯篇》等作品中得以探讨。柏拉图认为，人死后，灵魂不会随着肉体而消亡。相反，灵魂对生命的记忆会进入忘川（忘却之河），然后这个灵魂会成为另一个人的灵魂，开始一段从出生到死的新的历程。另外，柏拉图在这几篇著作中，还阐述了他关于形式的观点。他首先在《斐多篇》中对形式进行了介绍，然后又进一步把形式描述为永恒的、不变的、不朽的内容。实际事物与形式之间是参与关系。比如说，某只猫之所以成为你的猫是因为它参与形成了猫的形式。你的猫可能会眯眼睛或者接毛线球，但是标准形式的猫是不出现这些特别情况的。但是，并非只有好的或者中性的事物才有形式，所有的事物都有形式。也就是说，猫的视力不好以及毛线球都有自己所参与的形式。换句话说，既有包括所有猫的特质的猫的一般形式，又有你所养的这只猫的具体体现。

柏拉图在《理想国》中如何描述"正义之城"？

在《理想国》中，柏拉图提出了一种乌托邦式的生活方式，他关于形式的理论达到了顶峰。为了理解个人的正义，他描述了一个正义之城。正义的首要政治原则就是正确分配劳动。这就如同人，或者说灵魂，可以分为身体、情感和理智三部分一样。（对于柏拉图来说，身体的经历属于纯表象的范畴。）就像人在理智占据主导的时候会最高兴一样，理想的城市也应该由那些非常理智的人来统治，而这样的人就是出身哲学家的国王或女王。

统治阶层以下是政治家和士兵等守卫阶层，这个阶层与个人的精神层面相对应。最底层是技工、仆人和农民，这个阶层与人的肉体或者欲望相对应。

什么是柏拉图的洞穴假说？

柏拉图在《理想国》中提出了洞穴假说，以此来说明形式经验的力量和重要性。柏拉图利用洞穴假说来解释唯心主义。设想在一个洞穴之中，一群囚徒被锁在墙壁之上，他们身后有一堆火把，他们唯一能够看到的就是身后物体的影子。如果有囚犯被释放出来，他将首先看到身后的物体——他以前只能看见它们的影子。如果他走出洞穴，那么想象一下他在光天化日之下，看到这些以前只能看到影子的物体，以及世界上的其他事物的时候，他会多么惊讶。再想象一下，如果他试图把他所看见的一切讲述给监狱中的同伴的时候，那些人将作何反应。在这个假说中，洞穴代表着普通的存在和感知，而外面阳光下的事物则代表着形式世界。

为了保证统治者能热爱城市，为城市服务，柏拉图建议废除家庭。在社会结构中，男人和女人不必根据他们养育后代的角色来生活。个人财产是没有必要的，传统的一夫一妻制或者婚姻也是不必要的。最聪明、最健康、最优秀的男女将会接受特别培训。他们要吃简单的食物，居住在普通的环境中，到户外锻炼。

年轻的统治者很小就开始学习数学和哲学。因为诗人们会说谎话，教导人们不虔诚，所以新的课程中将不再设置文学课。统治者35岁的时候，被派出去为社区服务15年，担任低级官员、警察、士兵等低级职务。50岁的时候，他们就可以准备好统治国家了。一些统治者愿意把余生都用来研究形式，而不愿做统治者，对于他们来说，回到统治地位是必要的（柏拉图以及他以后的很多人认为那些不愿意担任统治者的人才是统治者最合适的人选）。

柏拉图所谓的“线喻”指什么？

柏拉图所谓的“线喻”在《理想国》中通过苏格拉底之口得以阐述：

> “假设一条线分为不等的两部分，然后按照相同的比例把这两部分分别再次分开。假设第一次分开后形成的两个部分中，一个部分相当于可见世界，另一个部分相当于可知世界。然后再比较第二次分成的部分，以确定清楚和不清楚的程度。这时你可以发现，可见世界区间内的第一部分可以代表影像。所谓影像我指的最先是阴影，其次是在水里或者平滑固体上反射出来的影子或其余相似的东西。你懂我的意思吗？”

苏格拉底希望听众能够明白，他们通过肉眼所见到的事物远远不如通过“心灵之眼”所看到的或者理解的清晰和深入。

随着柏拉图年龄的增长，他的哲学思想是否有变化？

柏拉图上了年纪以后，他的观点变得越来越保守，也更加重视现存的社会价值观和传统。《理想国》中的城市需要革命才能建立。但是在他后来所写的

《法律篇》(*Laws*) 中，柏拉图变得不再那么激进。他描述了一个相对较好的城市，那里传统家庭仍然存在，人们还是选举传统的统治者，不必特别造就新的统治者。

在《巴门尼德篇》(*Parmenides*) 中，柏拉图对他早期提出的形式理论提出了一系列的批评。这些关于形式的问题，他显然已经无力回答，后来亚里士多德进一步发扬了这些理论。柏拉图提出了第三人论证。假设我们发现了某种形式，他能够解释相似之物为何会相似。比如，所有的猫都不同，但是所有的猫又都具有猫这种形式的共同特性。如果我们把这种普遍形式和某个具有这种形式的别的事物相比较——比如把你家的猫和猫的普遍形式相比——普遍形式和具有该形式的事物就必然能够构成第二形式。如果我们继续把某只猫和第二形式相比较，就能够构成第三形式，以此类推，以至无穷。这就是说，柏拉图已经认识到了自己的形式理论存在缺陷。

▶ 柏拉图是否改变了关于形式的哲学理论？

在柏拉图的后期作品《斐利布篇》中，柏拉图没有把美好生活等同于对形式的思考。柏拉图承认，快乐似乎是美好世界的重要内容。他接下来解释美好生活包括比例、美丽和真实。他还说，知识比快乐更重要，因为知识更加接近比例、美丽和真实三要素。这是柏拉图关于美好生活的一种新的、更加实际的解释。这种理论告诉人们，最好的人类生活是享受实际事物的生活，而不是花费一生来思考的形式。

▶ 柏拉图是怎样看待爱的？

柏拉图关于爱有两种观点：一种是“柏拉图式的爱情”，另一种不是。在《菲德洛斯篇》中，他描绘了一个成年男子和一个俊美少年之间感情的发展过程。男子对俊美少年的爱发展成为对美的博爱。这种对美的博爱进一步发展成为对法律中美的爱，继而发展成对思想中美的爱，也就是对美的形式的爱（应该提及一点，古希腊人很推崇俊美少年和年长的智者之间的亲密关系，即我们今天所谓的同性之爱。一般为年长者喜爱少年）。在柏拉图的阐述中，爱的最高形式是纯洁，也就是所谓的“柏拉图式的爱情”。

在柏拉图的《会饮篇》中，苏格拉底把他所理解的爱归功于第欧提玛（Diotima）。第欧提玛告诉他爱是一种精神，是需求和资源（或者缺乏和充足）之子，它是在美神阿芙洛狄忒出生时诞生的：

> “因此爱生下来就是要爱美丽的东西……由于爱是贫乏神与资源神的儿子，所以他命中注定要一直贫困，他并不像我们所相信的那样文雅和俊美，而是相貌丑陋，赤着脚，无家可归。他经常睡在露天里、道路旁，没有床褥，总是承继着他母亲的贫困。但另一方面，爱也承继着他父亲的禀赋，追求美和善，因为他勇敢豪爽、精力充沛、干劲十足，是一名能干的猎人，也擅长使用各种计谋。他生来就充满欲望，也非常聪明，终生追求智慧，是玩弄巫术骗人的能手。”

戏剧家阿里斯托芬也出现在这场讨论之中，他向人们解释了为什么爱对人来说如此重要。起初，人类有三种类型，每种类型都由两个人组成，两个人结合在一起形成一个球形。这三种类型是女人和女人、男人和男人、男人和女人。这些人类有强大的力量，想要摧毁上天。众神并不想毁掉这些人，但是也必须对他们进行惩罚。宙斯决定把他们分作两半，以此来削弱他们的力量。结果这样一来，每个人都在寻找着自己的另一半。原来是男女组合的，男人寻找女人；原来是女女组合的，女人寻找女人；原来是男男组合的，男人寻找男人。在第欧提玛和阿里斯托芬所解释的爱都包含性爱的因素，都不是“柏拉图式的爱情”。

亚里士多德

▶ 亚里士多德对西方哲学的主要贡献是什么？

亚里士多德对巴门尼德所开创的神秘主义进行了约束。他使常识更为规范化。对他的老师柏拉图过度的推测进行了检验和限制。这为经验主义（以感官观察和直接经验为基础获取知识的方法）奠定了坚实的基础。亚里士多德对当时的现有知识进行了广博的论述和评价，并用新的思维方式把许多知识发展成为新的领域。极为难得的是，他既是知识渊博而勤奋的学者，又是富有创新想法的思想家。就像他在19世纪的继承者黑格尔那样，亚里士多德能够“思考全世界”。但是与黑格尔不同的是，亚里士多德并没有把世界看作是抽象的、思辨理论家的世界，而是看作普通人的世界。

关于亚里士多德的一生我们了解多少？

斯塔吉拉的亚里士多德，是尼各马可之子。尼各马可是马其顿国王阿明塔斯三世的宫廷医生。亚里士多德受到了热爱科学的父亲的影响，17岁时进入雅典的柏拉图学院学习。公元前374年，柏拉图去世以后，柏拉图学院的课程重点转为了新院长斯珀西波斯（Speusippus）所钟爱的数学和思辨课程。于是亚里士多德离开柏拉图学院去了阿索斯。阿索斯的统治者是赫米埃，赫米埃曾经是奴隶，后来翻身成为统治者。亚里士多德于公元前345年娶了赫米埃的侄女皮西亚斯为妻。赫米埃死后，亚里士多德前往莱斯沃斯岛。

莱斯沃斯岛位于爱琴海东北部，拥有种类众多的海产资源和哺乳动物，还有许多古代化石。亚里士多德将生物学的研究定位在生物分类学领域。公元前343年，马其顿王国的菲利普二世邀请亚里士多德给他的儿子亚历山大当老师。公元前335年，亚里士多德返回雅典。他在雅典城外阿波罗莱森神庙附近的一片小树林中创办了一所学校，即吕刻昂学园。亚里士多德在那里讲学并开展研究。有一条叫做“帕里帕特”（peripatos）的小路就是“逍遥学

亚里士多德塑像坐落在位于希腊哈尔基季基半岛的斯塔吉拉以亚里士多德命名的公园里。（图片来源：iStock图像）

亚里士多德失传的作品有哪些?

亚里士多德离开吕刻昂学园之后，他的许多著作和对话就失传了，他的其他作品在一个地下室中藏了两个世纪。其实，在欧洲文艺复兴之前，亚里士多德的作品经历了失传又重现的过程。现存的亚里士多德作品中，有很大一部分可能是亚里士多德的学生根据他们上课的笔记重新整理而成的，或是在多年以后由相关学者根据间接资料整理而成的。其中一些材料可能是亚里士多德或者吕刻昂学园的其他教师所做的授课笔记。

研究者们认为下列亚里士多德的作品已经失传：与柏拉图的对话形式一致的对话录、对自然观察的大量记载、当时流传甚广的一些作品、关于美德和柏拉图所讲的“形式”的讲义、为多达158个希腊城邦所撰写的宪法（仅雅典宪法保存下来）。

公元1世纪的时候，罗得岛的安德罗尼克（Andronicus of Rhodes）把亚里士多德流传下来的作品进行了编纂，就是我们现在所见到的形式。但是我们能够看到的最早的版本是公元9世纪的。第一部带有评论的亚里士多德的作品是柏林学院1831年出版的。人们估计这部作品集仅仅收录了亚里士多德1/5的作品，但是这部小字号印刷的作品集已经多达1 500页，足以为现在的研究提供充分的资料。

派”得名的由来。

亚里士多德的妻子皮西亚斯去世以后，他与赫菲利斯（Herphyllis）结婚并生有一子。他们的儿子沿用了亚里士多德的父亲尼各马可的名字。亚里士多德还用父亲的名字为自己的道德学著作命名。

亚里士多德的主要作品有哪些？主要讨论什么问题？

亚里士多德的《工具论》（*Organon*）包括六部早期作品：《范畴篇》（*Categories*）、

《解释篇》(*On Interpretation*)、《前分析篇》(*Prior Analytics*)、《后分析篇》(*Posterior Analytics*)、《论辩篇》(*Topics*)、《辩谬篇》(*Sophistical Refutations*)。这些作品，加上讨论逻辑、语言、科学探索的本质、本体论等问题的《物理学》(*Physics*)、《形而上学》(*Metaphysic*)。本体论指对真实或者确实存在的事物的研究。

这些作品为我们展示了系统的哲学分析方法，以及在人类知识的一般领域内应用这些方法的结果。更加具体的科学方法在亚里士多德的《生灭论》(*On Generation and Corruption*)、《论天》(*On The Heavens*)、《天象论》(*Meteorology*)中有所论述。《论灵魂》(*On the Soul*)讨论心灵的一般功能。在亚里士多德的《自然诸短篇》(*Parva Naturalis*)中，心灵又被赋予一些具体的功能，比如记忆、做梦、睡觉、醒来等。亚里士多德关于生物学的作品包括《动物史》(*History of Animals*)、《论动物的部分》(*Parts of Animals*)、《论动物的产生》(*On the Generation of Animals*)等。《尼各马可伦理学》(*Nicomachean Ethics*)和《欧德莫伦理学》(*Eudemian Ethics*)包括了亚里士多德关于道德美德的理论。他的政治哲学在《政治学》(*Politics*)中进行了阐述。《修辞学》(*The Rhetoric*)讨论了演讲术和劝说。他在《论诗》(*Poetics*)中，阐述了认为悲剧是一种艺术的观点。

▶ 亚里士多德的作品最重要的是什么？

为了鼓励知识的发展，亚里士多德创造了一套名为“三段式演绎法”的纠正思想的规则。三段式演绎法在现代社会形成之前一直主导着逻辑学领域。在科学方面，他提出了因果关系理论，认为事物的形成和变化不必依赖柏拉图所认为的真实却隐蔽的世界。而且亚里士多德还倡导在各个领域都采用观察和分类的方法，他本人也进行了实践。

亚里士多德的道德观念也比柏拉图更加实际。他认为幸福是人类合理而普遍的目标追求，可以通过发展和实践美德来获得。

亚里士多德和柏拉图不同，他没有一种乌托邦式的政府观念。他认为政府是在家庭、部落、村庄的基础上自然形成的，政府的目的是支持个人的利益和满足个人需要。

亚里士多德赞成柏拉图关于艺术是一种模仿的观点。艺术不一定会歪曲现实，因为艺术探讨的是普遍的人类真理，而不是对现实事物或者事件的歪曲表现。

三段式演绎法指什么？

根据亚里士多德的论述，三段式演绎法包含大前提、小前提和结论三部分。如果大前提和小前提都是真的，那么结论不可能为假，必然是真的。比如，“人终有一死”是大前提，“苏格拉底是个人”是小前提，那么“苏格拉底必有一死”就是结论。

亚里士多德对现存事物的十大分类是什么？

亚里士多德把现存事物分为十大类：物质、数量、质量、关系、地点、时间、位置、做什么、有什么、受影响。除了“物质”以外，其他要素的意思与我们今天所理解的意思基本一致。对亚里士多德来说，存在首要物质和次要物质的区别。首要物质指的是完整的事物，比如一个人或者一条狗。次要事物指的是某事物的特征，比如理性或者忠诚。

“数量”指的是某物的量，是一个数学概念。“关系”指的是事物之间的联系或比较，如在上方、在下方、之前或者之后。“地点”指某物的所在。“时间”既可以指事件的经过，又可以指钟表或者日历上的具体时刻。“位置”指某物的方位，比如朝上还是朝下放置。“做什么”指行为，比如弹竖琴或者治疗病人。“有什

亚里士多德和柏拉图的思想有何差异？

柏拉图认为只有形式是真实的，在我们日常生活所感知的世界之外，还存在一个形式的世界。亚里士多德不同意他的观点。但是他同意柏拉图提出的知识必须具有确定性特征的观点。因此，亚里士多德的主要哲学任务就是确定什么使事物在这个世界上真实，并解释我们如何获取关于这些事物的知识。他还发展了逻辑学体系，或者叫思维规则。如果前提是真实的，那么使用这套体系就能够得出真实的结论。

么”可以指拥有某物，而非拥有者（比如钱包），又可以指发生在你身上的事情，比如玩得很高兴。“受影响”指一事物对另一事物的影响，比如，当你把手挡在蜡烛的火焰上的时候，你就受到了热的影响。

亚里士多德认为存在的主要单位是首要物质。首要物质是很具体的事物，比如田野中的一头牛、一条狗或吕刻昂学园外的一棵树。次要物质指的是首要物质所属的某个群体，比如牛科、犬类、植物等。首要物质具有一些只存在于自己身上的特点——我们称为属性的一些会变化的特点，比如高、胖、带毛、绿色等。我们的科学知识都是关于次要物质的。这些次要物质本身并不存在，它们只是我们头脑之中对相关的首要物质的共同本质的一种抽象概括。

▶ 亚里士多德的“四因说”指什么？

科学知识可以为实际事物提供因果关系的解释。亚里士多德提出“四因说”：形式因、物质因、动力因和目的因。比如，你的狗的形式因就是使其成为狗的特质——狗的本质。物质因是构成狗的一些物质材料。亚里士多德认为所有事物的本质或者实际存在都是一样的，只是特殊的形式不同。

狗的动力因是狗的出生、所消耗的食物和水。目的因是狗的最终目的或功能——完全成长成为狗，成为人类忠诚的朋友和帮助者，并且成为“你的”狗。形式是物质的实在体现，事物是其潜力。你带回家的那只小狗具有成长为一只优秀的大狗的潜力。

▶ 亚里士多德是怎样论述美德的？

亚里士多德认为美德是一种实际的智慧。它既非由天性决定，也不受天性的妨碍。它是思想、行动和习惯的结果。但是，亚里士多德认为并非每个人都有美德。他认为美德的必要条件包括：高社会身份、财富、美貌、男性、自由公民。亚里士多德所讲的美德只是古代统治阶级所崇尚的特点，比如骄傲、慷慨、勇敢、高贵、节制等。这在一定程度上是势利的结果，另一方面他确实认为美德应该是脱离艰苦的体力劳动的。尽管如此，亚里士多德关于如何获取和实践美德的思想仍然适用于现代民主社会的成年人。另外我们还可以加上一些现在所在乎的

亚里士多德所谓“不动的动者”指什么？

在亚里士多德看来，自然界所有物质都由于“四因”的运转而发展、变化、形成、消亡。但是，因果链不能是无限的，肯定有一个首要原因，它自身不需要别的事物推动，叫做“不动的动者”。此处，亚里士多德的形而上学和哲学蒙上了一层神学色彩，与柏拉图颇为相似。作为万物之因的“不动的动者”不能是动力因、物质因或者形式因，因为这些都包含在现存事物之中。“不动的动者”应该是最终的目的因，因为那是万物的目标。它是最伟大的美德，是生活的目的。亚里士多德说，它是心灵，它的核心是永远运动的思想。它不断自我思考。

美德（比如同情）。

亚里士多德认为我们获得美德首先从在孩提时代接受良好的教育开始，然后还要把相应的美德付诸实践。比如，如果想变得勇敢，那么就需要在一段时间内做一些勇敢的事情。美德对于人类（甚至对于万物）来说，就是使我们之所以为人的要素的升华。正是理智和我们积极思考的能力使我们成为人。因此，我们在进行培养美德的行为之前，一定要仔细考虑一下。比如，勇敢之人所做出的勇敢的举动必须是有正当理由的。

善良者可以做出有德之举是因为他们具有这些美德。但是各处的情形不尽相同，所以在实践美德之前应该仔细考虑一番。亚里士多德说获得理智的好标准是以中庸为目的。比如，勇气一般来说就居于懦弱和匹夫之勇之间。如果把目标定在中间，我们就不会矫枉过正。如果我们喜欢欢乐，那么也要把各种欢乐的事物仔细衡量一番。

在亚里士多德看来，有什么是绝对的错误吗？

是的。在亚里士多德看来，有些事情是绝对错误的，不容弥补——比如通奸和谋杀。

亚里士多德缺乏幽默感吗？

亚里士多德的写作风格是权威式的，所以他流传下来的作品无一例外全是稳重而枯燥的。我们无从得知亚里士多德是怎样的人——有人描述说他很瘦、秃头，说话时口齿不清，总是拿出一副讽刺人的姿态。亚历山大大帝死后，雅典爆发了反对马其顿的运动。在那以后他回到了加尔西斯。据说他自己称他摆出那样的姿态是为了“避免雅典人在哲学上多犯错误”。

亚里士多德认为道德有目的或者“目的因”吗？

亚里士多德认为在人类生活中——就像在自然界之中——一切事物皆有目的，而且目的不可能无限回归（即具有不动的动者）。由于我们是目的驱动的，所以肯定存在这样一种目的，它本身就具有价值，而不是因为它能导向其他目的才有了价值。这种本身就是美德的目的就是幸福。亚里士多德认为幸福不是快乐或者其他什么感觉，而是我们在实践自己的本质的过程中所获取的特质。我们在由于正确的原因而做正确的事情的过程中实践自己的本质。

亚里士多德怎样看待政府和政治？

亚里士多德认为人在本质上是社会性的，因此良好的政府是保证公民幸福满足的必要条件。他设想了三种政府形式，但每种形式都可能会导致专制的君主政体、会导致寡头政治的贵族政治、会带来民主的政治制度。像柏拉图一样，亚里士多德把民主看成是暴民政治，因为在他们那个时代，大部分人都没受过教育，比较粗俗。亚里士多德认为最好的政府形式是贵族所进行的民主统治，这种政府中的高级职位由大家轮流担当，特权阶层的每个人都有发言权。

希腊和罗马哲学

古希腊衰落之后的政治事件对哲学发展有何影响？

亚历山大大帝（Alexander the Great）的去世标志着希腊哲学古典时代的终结。伯罗奔尼撒战争以后，希腊城邦损失惨重，无力合并。接下来的800年间，希腊动荡不安，西方的政治和文化中心转移到了欧洲。罗马人占领希腊以后，希腊那曾经无与伦比的灿烂文化全部成了过往云烟。在这个历史阶段的末期，基督教的思想和实践开始规范文明生活的每个方面。

一些前苏格拉底时代的思想——尤其是毕达哥拉斯的思想——在希腊衰落之后仍然流传；柏拉图的著作以新的形式与早期基督教并存。怀疑主义（Scepticism）、斯多葛学派（Stoicism）、伊壁鸠鲁学派（Epicureanism）、犬儒主义（Cynicism）等基于希腊形式的新哲学在地中海周围广为流传。人们不太重视亚里士多德的作品，但是他们还是很容易接受经验主义的。

罗马政治家、作家西塞罗受到哲学家帕奈提奥斯和波塞多纽的影响。（图片来源：iStock图像）

柏拉图和亚里士多德去世以后，雅典情况如何？

在公元前87年罗马人洗劫雅典之前，雅典仍然是哲学中心。关于公元前1世纪的希腊哲学活动，其中的大部分内容我们都是从古罗马作家卢克莱修（Lucretius）和西塞罗（Cicero）那里以及一些中世纪的间接资料中得知的。柏拉图学院变成了新学院，主要对其他学派的思想进行批判。这就是怀疑主义的起源。亚里士多德的吕刻昂学园起初在公元前322年由狄奥弗拉斯特掌管，公元前287年以后到公元前1世纪中期，它逐渐衰落。

什么是怀疑主义？

怀疑主义由阿尔克西拉乌斯（Arcesilaus）创立，他大约在公元前268年至公元前241年担任新学院的院长。卡尔涅阿德斯（Carneades）继承了他的工作，在公元前2世纪担任院长。怀疑主义者认为任何事物都不可能被认识，他们还认为人们应该对所有的判断、结论和评价持谨慎态度。绝对怀疑主义者会指出一些问题，或称修辞，来说明感官知识很容易是错误的，理智并不一定意味着确切。他们认为，由于我们没有绝对的标准来判断真假正误，所以我们能够期待获得的可能就是知识了。

伊利斯的皮浪是谁？

伊利斯的皮浪（Pyrrho）起初是一名画家，后来对德谟克利特提出的原子论颇感兴趣。他曾随亚历山大大帝到过东方，与印度的修行者和波斯的僧侣探讨学问。他有自己的学生，但是却没有著作传世。他有时根本不去想朝他驶来的战车是否会撞到他，结果他的学生经常在战车驶近的最后一刻挽救他。

皮浪为什么重要？

皮浪拒绝作出判断，这构成了怀疑主义中的一个重要流派，称为皮浪怀疑主义。该流派在文艺复兴以后的宗教改革和反宗教改革运动时期得以发展。皮浪怀疑主义认为人类生活中的很多事情都不可知。

皮浪怀疑主义者和绝对怀疑主义者之间的争论是什么？

皮浪怀疑主义是在公元前1世纪早期由埃奈西德穆（Aenesidemus）创立的。埃奈西德穆自称只是传播皮浪的思想。在他之后，塞克斯都·恩披里柯

(Sextus Empiricus)在公元2世纪继续传播皮浪的思想。皮浪怀疑主义认为绝对怀疑主义者提出的万物皆不可知的观点过于极端。皮浪怀疑主义者更倾向于对事物是否可知作出延迟的判断。他们说延迟判断会使头脑清醒——不会去担心外表之后还有什么,还会发生什么。皮浪怀疑主义者反对教条主义,他们认为自己在哲学上的最大对手是斯多葛学派。

斯多葛学派包括哪些人,他们持有什么思想?

斯多葛学派是由季蒂昂的芝诺(Zeno of Citium)创立的,他的继承人是克里安提斯(Cleanthes),之后是克律西普(Chrysippus)。"斯多葛"(stoic)这个名称来源于希腊文stoa(译为"柱廊"),该学派首次聚众讲学的地点为雅典集会广场的廊苑,因此被命名为斯多葛学派。在斯多葛学派看来,整个世界是一个道德良好的体系。在该体系运行的各个阶段,事件根据神圣的原则发展。事件的顺序是由命运预先决定的。世界的各个阶段都会以一场大火结束,然后再重新开始,如此反复,以至无穷。

早期斯多葛学派认为只有美德是善,只有邪恶是恶。其他事物,比如健康和财富,可以受到偏爱,但是它们在道德上没有善恶之分。在世界中,每个人都有自己独特的角色,我们的任务就是去发掘自己的角色是什么。这样的探索能够使人们关心自己,进而扩展到对亲戚、朋友,乃至全人类的关心(斯多葛学派大概能算得上最早的世界主义者了)。探索是建立在对印象认同的基础之上的,直到人所有的思想都联系在一起,无懈可击。所谓对印象的认同,讲的是我们不应该否认任何呈现在我们面前的事物,不管它是事实还是观点,我们都要承认对我们的影响。斯多葛学派的这种思想形成了怀疑主义者所反对的教条主义。

中期斯多葛学派有哪些重要的哲学家?

中期的斯多葛学派在罗得岛发展成熟,代表人物是帕奈提奥斯(Panaetius)和波塞多纽(Posidonius)。他们两人都影响了政治家、作家西塞罗。波塞多纽在自己的观点里同时融合了柏拉图和亚里士多德的观点。中期斯多葛学派的主要成就是把希腊思想应用到了罗马文化背景下的军事和政治生活之中。主要关

季蒂昂的芝诺是斯多葛学派的创始人。(图片来源：艺术文献库)

注如何预测人生中出现的一些问题，比如战争失利或被捕等问题。

罗马斯多葛学派的主要思想是什么？

罗马斯多葛学派是由小塞内卡（Seneca the Younger）、爱比克泰德（Epictetus）以及撰写了《沉思录》（*Meditations*）的罗马皇帝马可·奥里利乌斯（Marcus Aurelius）等人发展起来。许多人都被奥里利乌斯关于克制愤怒的劝告打动了，他说："不要像恺撒一样暴躁，不要随便翻脸：因为事情有时候就是这样发展的。"罗马斯多葛学派在文艺复兴和现代时期很有影响。即使现在，其思想也是军队所提倡的行为和道德标准的基石。

斯多葛学派思想的基本前提是我们应该去理解我们所要处理的事物的本质，并准备接受我们无法控制的事情，对生活不再有怨言。爱比克泰德曾说过一段著名的话，他说如果你心爱的陶罐打碎了，你应该知道，陶罐就是如此易碎的东西，你的陶罐又不是第一个破碎的陶罐。如果你的伴侣或者孩子死了，这只说明他们并非长生不老，要记得我们所爱的人都将死去。

罗马皇帝马可·奥里利乌斯也是一位著有多部斯多葛学派思想著作的哲学家。（图片来源：艺术文献库）

塞内卡是一位剧作家、政治家，还一度是罗马皇帝尼禄的老师。他对斯多葛学派作出了贡献。（图片来源：艺术文献库）

▶ 什么是伊壁鸠鲁学派？

与伊壁鸠鲁学派同名的现代伊壁鸠鲁学派提倡人们享受美酒好肉，但是古代的伊壁鸠鲁学派倡导的却是朴实无华。该学派由伊壁鸠鲁（Epicurus）以及拉姆普萨卡斯的梅特罗多勒斯（Metrodorus of Lampsacus）、荷马丘斯（Hermarchus）、波利艾努斯（Polyaenus）等人创立。伊壁鸠鲁在米蒂利尼、拉姆普撒卡斯以及雅典郊外创办社团。他的学校被称为“花园”。伊壁鸠鲁按照当权者的要求远离政治话题（但他本人并不反对政治），他将大量的时间花在与朋友探讨高深的哲学问题上。

伊壁鸠鲁写了很多关于物理学、天文学、伦理学的“信件”以及许多格言。他的主要作品《论自然》（*On Nature*）流传下来的部分很少。他接受德谟克利

现在我们提到伊壁鸠鲁的时候总是想到美酒美食的享乐。但是伊壁鸠鲁学派其实倡导的是朴实无华、冷静沉思。（图片来源：艺术文献库）

雅典的安提斯泰尼（Antisthenes）认为有德之人永远比无德之人快乐，还认为灵魂比身体更重要。（图片来源：艺术文献库）

特提出的原子论，但是他认为原子内部还包含着众多“最小量”（原子的一部分，本身不能再被分割）。伊壁鸠鲁认为原子处在不停的运动之中，它们会突然转向，会碰撞，这就会形成我们所见到的物体。在我们所熟知的生活和社会之外没有神的存在，神只不过是我们理想中的行为榜样。不必害怕死亡，因为死亡只不过意味着躯体消融为组成我们身体的原子，原子不会觉得疼，什么感觉也没有。

伊壁鸠鲁学派的伦理学认为快乐是我们唯一的目标，它甚至比美德更重要。痛苦是唯一的罪恶。快乐应该以稳妥的方式获得，这就要求我们过简单的生活。我们应该和朋友们一起去满足生活最基本的需求，而我们的朋友是与我们观点相似的人。人生活中最高层次的快乐是静态快乐，即与满足感有关的快乐。源自刺激的动态快乐只是增加了我们的不安全感（它们就像欲望一样）。因此，我们的最高目标就是过简单的生活，使身体远离痛苦；研究物理学，陶冶心灵。这样就可以远离困扰。

▶ 古代犬儒主义是什么？

犬儒主义者是一群很特别的人，他们宁愿被人遗忘也不愿向他们不认同的社会规范低头。古代犬儒主义重申了人类本性独立的重要性，人的本性不应受社会和风俗的影响。这与我们现在对犬儒主义者的定义大相径庭，现在我们把犬儒主义者看作是愤世嫉俗的人，他们充满怀疑，只看到人最坏的那一面。

犬儒主义的创始人是安提斯泰尼，他曾与高尔吉亚一起学习，并且是苏格拉底的好朋友，苏格拉底去世时候他在场。安提斯泰尼声称对自己的财富最为骄傲。他虽然身无分文，但是他却对自己所拥有的事物感到高兴。他认为有德之士总比无德之人快乐，还认为灵魂比身体更重要。

安提斯泰尼的最简化生活的思想得到了第欧根尼（Diogenes of Sinope）的继承。第欧根尼住在木桶里，他认为同类相食和乱伦都是可以接受的行为，据说他还曾经在白天打着灯寻找诚实的人。第欧根尼的继承者是克拉特斯（Crates of Thebes），他放弃了自己的全部财产去实践犬儒主义。但是他还是结婚了。他认为禁欲对于获得独立很重要。他还说扁豆比牡蛎好。

佛兰德斯艺术家彼得·范摩尔（Pieter van Mol）画笔下的第欧根尼。他是一位不同寻常的哲学家，他向公众做出粗鲁和下流之举来表示对社会传统的鄙视。（图片来源：艺术文献库）

犬儒主义因何得名？

英语中的犬儒主义一词“cynic”来自希腊语“kyon”，意思是“狗”。西诺普的第欧根尼认为人可以从狗那里学到很多东西，因为狗不会因为自己的身体机能感到羞愧，不挑食，也不在乎在哪里睡觉。狗什么也不担心，不需要去考虑哲学问题，而且能够马上判断出对方是敌是友。更重要的是，狗不像人类，它们很诚实。第欧根尼认为我们应该像狗一样，把家庭结构、社会组织、政治、私人财产、良好名声都看作无用之物。据说他曾经在市场上自慰，还向那些侮辱他的人撒尿。他还向别人竖起中指。柏拉图称他是“疯了的苏格拉底”。

由于第欧根尼鄙视传统和哲学知识，很多人认为他是智者。亚历山大大帝曾经去拜访第欧根尼，当时他正在木桶中洗澡。因为他的皮肤不好需要经常洗澡。当亚历山大提出可以给予他任何想要的东西的时候，第欧根尼回答道：“不要挡住了我的阳光。”

古希腊和古罗马的女性哲学家

▶ 为什么古希腊和古罗马没有非常知名的女性哲学家?

哲学史被男性主导有几个原因：第一，在20世纪之前，很少有女性接受过正规的系统教育，这使得她们没有能力研究哲学；第二，女性的家庭和社会地位让她们无暇进行哲学研究；第三，男性哲学家一直把哲学研究看作是男人的事情，设法阻止女人进入这个领域。但是，在哲学发展的每个历史阶段，都有女性的贡献，还有一些女性成为哲学家。我们无从得知女性哲学家的研究有多少已经被人们所忽视、遗忘或者没有受到应有的重视，因为20世纪以前，女性哲学家的研究传世很少，也没有人提及她们的研究。

古希腊和古罗马时期为普遍的男性主导哲学的趋势奠定了基础。上层社会的妇女隐居在家里，待在自己的区域内，不接受关于公众生活的教育。穷苦人家的妇女被家务事、农活和子女拖累。有点空闲的女性也只是去做些缝纫、纺织、编织之类的事情，或者是听男人们夸夸其谈。但这也只是在家里，而大部分的哲学交流活动都是在公共场所进行的。总而言之，古代妇女享受不到和男人同等的权利。尽管如此，仍然有少数女性哲学家的名字和思想流传了下来。

▶ 古代有哪些著名的女哲学家?

古代的一些著名女哲学家包括席茂思特莉克（Themostocles）、西阿诺（Theano of Crotone）、第欧提玛（Diotima of Mantinea）、米利都的阿斯帕西娅（Aspasia）、卢卡尼亚的颐萨拉（Aesara of Lucania）、斯巴达的芬缇丝（Phintis）、珀克里提俄涅一世（Perictione Ⅰ）、西阿诺二世（Theano Ⅱ）、亚历山大的希帕提娅（Hypatia of Alexandria）、雅典的阿斯克蕾比珍妮亚（Asclepigenia of Athen）、昔兰尼的阿勒特（Arete of Cyrene）等。虽然她们可能只是冰山一角，但是却值得我们关注。

古代值得关注的其他重要女性哲学家还有谁？

在公元3世纪，罗马皇帝塞普蒂默斯（Septimius）的妻子茱莉亚·多姆娜（Julia Domna）资助了一些斯多葛学派的哲学家，并与他们一起研究哲学，帮助他们发展。在4世纪，另一位女性哲学家马克林娜（Makrina）在家人受到基督教迫害以后，继续坚持信奉古希腊哲学思想。

席茂思特莉克是什么人物？

前苏格拉底哲学家毕达哥拉斯认为万物是由数字构成的，他还据此建立了一个兄弟会。有记载称，他的伦理学思想就是特尔斐的公主席茂思特莉克传授的。人们知道阿波罗是特尔斐神庙的守护神，又是毕达哥拉斯派所崇拜的神。毕达哥拉斯及其追随者认为众生平等，他们进行自我反思，并在仪式和饮食上追求净化（他们都是素食主义者）。这种众生平等的思想可能也意味着妇女应该参与哲学活动。

女性毕达哥拉斯学派者有哪些人？

毕达哥拉斯的妻子克罗托纳的西阿诺，还有他的三个女儿可能是毕达哥拉斯的第一批信徒。据说西阿诺曾经讨论过形而上学，还在婚姻、性、妇女还有伦理学方面有所著述。毕达哥拉斯去世以后，西阿诺和她的三个女儿接替他成为毕达哥拉斯学派的领袖。西阿诺二世是后来的一位毕达哥拉斯学派成员，她讨论了道德状况问题，即在讨论一件事是否符合道德规范时，需要考虑到这件事情发生的具体情形。她认为，和谐是或应该是道德和教育的基础。珀克里提俄涅一世是另外一位毕达哥拉斯学派成员，据说她撰写了《论女性的和谐》（*On the Harmony of Women*）。有些历史学家认为她是柏拉图的母亲。

▶ 米利都的阿斯帕西娅是什么人物?

米利都的阿斯帕西娅是诡辩运动中的一位颇有影响力的成员。她嫁给了伯里克利。据说她颇有治国之才,而且还教授过苏格拉底修辞学。当阿斯帕西娅因为受到“不敬神明”的起诉而接受审判的时候,她丈夫帮助她解脱了罪名,被无罪释放。

▶ 昔兰尼的阿勒特是什么人物?

昔兰尼的阿勒特是亚里斯底布斯(Aristipus)的女儿。亚里斯底布斯是苏格拉底的学生和朋友,苏格拉底去世时他就在场。阿勒特后来接替父亲成为阿勒特学派的领袖。她讲授享乐主义伦理学和自然哲学,一直讲了30年。

▶ 女哲学家第欧提玛是否确有其人?

据柏拉图《会饮篇》的记载,曼提尼亚的第欧提玛曾经为苏格拉底讲授爱情。文艺复兴以后人们认为这是个杜撰出来的人物,但是文艺复兴之前大家认为确有其人。

▶ 女性哲学家从什么时候开始被看作是哲学研究的一部分?

从公元纪年的早期开始,至少有一些女性哲学家的思想和教育活动得到了认可。一些男性哲学家也开始与女哲学家进行思想交流。

三 从新柏拉图主义到文艺复兴

▶ 柏拉图和亚里士多德影响了早期基督教和中世纪哲学吗？

是的。但是早期基督教和中世纪哲学所受的影响都来源于对柏拉图和亚里士多德思想的解读。当时的人们以及现在的学者都认为这种解读不是完全忠于原著的。这是因为人们从新柏拉图主义的角度对柏拉图进行了解读，而亚里士多德则被人们从基督教的角度进行了解读。直到文艺复兴时期，古希腊思想家们蕴含着高深智慧的人文主义思想才重新被人们发掘出来。直到9世纪人们重新发现亚里士多德的作品以前，古代思想的影响还是主要来自柏拉图。而在文艺复兴之前，所有的古希腊哲学，即所谓的异教哲学，地位只能远远低于基督教神学和哲学。

▶ 基督教是否是古典时代以后哲学上的唯一宗教影响？

不是。虽然基督教思想主导了欧洲的世界观多达数千年之久，但是犹太教思想和伊斯兰教思想也有很大的影响。

新柏拉图主义

什么是新柏拉图主义？

新柏拉图主义是一种复杂的哲学和学术思想，其思想基础是不可见的“太一”（the One）是万物之源。所谓的“太一”是万物的基础，它很强大但却不可见，类似于柏拉图所说的形式。

基督徒接受新柏拉图主义吗？

新柏拉图主义是对柏拉图主要思想的重新解读。虽然罗马帝国和罗马皇帝对无神论和一教信仰越来越排斥，但是新柏拉图主义却能够与基督教思想并存。新柏拉图主义者和基督教徒常常在政治和宗教问题上激烈争吵。在中世纪以前，很少有人会同时信仰基督教和新柏拉图主义。

什么是太一？

太一像上帝一样，是宇宙的创立者，是永不磨灭的道德标准。

新柏拉图主义是怎样流行起来的？

信奉斯多葛学派的罗马皇帝马可·奥里利乌斯去世以后，罗马帝国开始衰落。从那时起，新柏拉图主义开始传播。新柏拉图主义从罗马帝国时期开始传播，其不同分支一直流传到中世纪和文艺复兴时期，一直到17世纪。

新柏拉图主义在哪些方面与基督教相似?

基督教在社会和政治急剧动荡的时期为人们提出了美好的情感和精神寄托。与此类似,新柏拉图主义也为其信徒描绘了一个使他们受到安慰的高尚而美好的精神家园。因此,新柏拉图主义比其他古典哲学更加接近基督教,因为它只信仰一位创世主,而且重视追随者的感受。

早期的新柏拉图主义者有哪些人?

普罗提诺(Plotinus)在公元3世纪创立了新柏拉图主义。他大部分的作品都是在253—270年之间写成的,他的全部作品由他的学生波菲利(Porphyry)编辑出版。波菲利整理的普罗提诺作品被文明世界的多个学校编辑和整理,这些学校位于亚历山大、雅典、叙利亚和西欧地区。早期新柏拉图主义的终止点是6世纪的波爱修斯(Boëthius),他试图让柏拉图和亚里士多德的思想与基督教神学相调和。

普罗提诺是什么人物?

普罗提诺出生在上埃及。从28岁开始,他开始跟随阿摩尼阿斯·萨卡斯(Ammonius Saccas)学习哲学,一学就是11年。他后来参加国王戈迪安努斯三世(Gordianus Ⅲ)的军队,与波斯人打仗。戈迪安努斯三世去世(或者据某些记载,戈迪安努斯三世被刺杀)以后,普罗提诺前往安提俄克,最后在罗马定居下来。他在罗马成为加利努斯皇帝(Emperor Gallienus)的朋友,并开始记录自己的哲学思想。加利努斯曾经想给普罗提

普罗提诺是在罗马文明衰落时期新柏拉图学派的创立者。(图片来源:艺术文献库)

诺一些土地，让他建立一个柏拉图在《法律篇》中所描绘的世界，但是遭到了其他人的阻拦。不久以后，加利努斯在一场军事竞赛中被自己部队的军官刺死了。两年后普罗提诺去世，据说是死于麻风病。

柏拉图的《法律篇》与普罗提诺和加利努斯有什么关系？

在《法律篇》中，柏拉图描绘了一个稳定的政府体系。这个政府体系允许私人家庭和私有财产的存在，因此它不像《理想国》（约公元前380年）那样充满了乌托邦的色彩。有些评论家认为罗马皇帝加利努斯对柏拉图的这种政府形式并不感兴趣，但是因为他欣赏普罗提诺，想帮他一个忙，所以同意建造一个这样的社区。而另一方面，普罗提诺本人想为自己和追随者们找一处隐蔽之所。

普罗提诺的思想体系在《九章集》中得到了怎样的阐述？

普罗提诺的思想体系在《九章集》（*Enneads*）中得以阐述。《九章集》由6组文章组成，每组9篇。前3组讨论物质世界和人与物质世界的关系，第4组讨论灵魂，第5组讨论智慧，第6组讨论“太一”。虽然普罗提诺自称是柏拉图忠诚的学生，但是他在《九章集》里增加了亚里士多德、斯多葛学派以及他自己的哲学思想。

普罗提诺把柏拉图主义所称的不可感知的世界——形式——分为三部分：太一、智慧和灵魂。太一地位最高，因为它是存在和因果关系的最高准则。太一作为一种原则，地位在万物之上。由于太一是个统一体，所以它没有思想、没有意识，需要把思考和客观思想区分开。讽刺的是，太一虽然无知到连自己的存在都意识不到，但是它却清楚地知道它所创造出来的万物。

太一以下是智慧，它与柏拉图所讲的具体形式对应。智慧知道所有存在之物。智慧还包含数字，数字与灵魂关联，包含着初始物质。但是思想不能无限叠加，因为斯多葛学派宣称，世界常常会被毁坏。

在普罗提诺所说的柏拉图实体中，灵魂占据了怎样的位置？

所有来自个体的灵魂构成统一的世界灵魂，灵魂的位置仅次于智慧。有些灵魂已经脱离了肉体，而那些还存在于肉体之中的灵魂会继续生长。人类、动物、植物的灵魂都是不朽的、物质的（即他们的灵魂是物质）、无形的。由于它们不朽，所以个人的灵魂可以在不同人的身体中重生。

灵魂生成于智慧，智慧生成于太一。源于智慧和太一的这种生成关系不会贬低它们，也不是意志行为。从灵魂到物质的生成关系也是如此。虽然源于太一、智慧和灵魂的这种生成关系很自然，但是普罗提诺有时却把它看作是一种堕落的过程。在从智慧生成灵魂的过程中，灵魂实现了一种统治的欲望，也远离了身体，这会导致身体的腐朽。但是，即使灵魂已经生成，它还是存在于智慧之中。

▶ 如何认知太一？

普罗提诺认为灵魂可以与太一融为一体，进而认知太一。他把这个过程叫做“灵魂出窍”“屈服”“简化”“触摸”或者“独自飞行”。在基督教看来，灵魂重生的过程被看作是与上帝结合的过程。在普罗提诺看来，这个过程会重复很多次。为了对此做好准备，新柏拉图主义者实践着美德和柏拉图辩证法，包括数学学习。

▶ 扬布里柯是怎样实践新柏拉图主义的？

叙利亚的扬布里柯（Iamblichus）是波菲利的学生，他在阿帕米亚（现在位于叙利亚）建立了一所自己的学校。波菲利施行法术——或叫做巫术——这些法术或者巫术以素食主义和其他禁欲主义为基础。扬布里柯认为法术只局限在低层次的灵魂生成过程中，因此他发展了一套更为详细的法术体系，适用于灵魂拯救的每个阶段，这和基督教的圣礼神学比较相似，并成为新柏拉图主义的一个重要部分。扬布里柯还完善了普罗提诺的理论，把太一分成两部分：一部分负责生成，一部分负责超越。扬布里柯把很多希腊神融入柏拉图主义对创世和救赎的描述之中以后，罗马皇帝朱利安对他的理论很感兴趣。

▶ 什么是新柏拉图学派的雅典学派？

雅典学派是由雅典的普鲁塔克（Plutarch）创立的。普罗克洛斯（Proclus）最重要的学生西里阿努（Syrianus）将它继承了下来。该学派其实是与柏拉图学院相同的机构。雅典人在扬布里柯的体系中增加了一些关于神的内容。他们

普罗提诺与鬼神学有何关系？

在波菲利撰写的普罗提诺传记中，他写下了这样的话：

一个埃及牧师有一次去罗马的时候，通过朋友结识了普罗提诺。他想测试一下普罗提诺的能力，于是要求他使用巫术让和他与生俱来的邪神现身。普罗提诺欣然同意，就在伊希斯神庙施法。选择这个地点是因为传说中伊希斯神庙是埃及人认为唯一纯净的地方。施法以后，出现了一位神，但他不是邪神。据说那位埃及牧师喊道："你受到上天的庇佑，因为连你的邪神都不是低级的邪神！"但是他们没有机会向神提出问题，片刻后他们就看不见神了，因为在场双手捧着鸽子来保持神庙纯净的一个朋友把鸽子掐死了——不知道是出于嫉妒还是害怕。

学者认为这段记载很有趣，因为它介绍了古代关于邪神的两点有趣观点：第一，邪神也可以变成善神或者天使；第二，鸽子可以用来保护灵魂的纯洁。苏格拉底的"邪神"可以在困难的时候安慰他，还能够提示他什么很重要。但是普罗提诺与邪神的交流更像后来的法术，而不只是像苏格拉底那样倾听某个声音。

认为这些神对哲学问题感兴趣，普通人能够理解他们的思想，但是他们不赞同扬布里柯关于两个太一的思想。

普罗克洛斯对新柏拉图学派作出了怎样的贡献？

普罗克洛斯撰写了《神学元素》(*Elements of Theology*)和《柏拉图的神学》(*Plato's Theology*)，对后世的哲学，尤其对13个世纪以后的黑格尔产生了重要影响。他对灵魂生成的思想进行了补充，在生成的不同阶段增加了向下运动和水平运动。这就增加了大量的神圣元素，即"一"(henads)。普罗克洛斯把他们等同于古希腊的邪神。他还提出了"三阶段原则"，即"保持——前进——返回”。神在生成为普遍存在的过程中,保持本质。人对这个过程的理解和与神的交流构成返回。除了对灵魂的研究之外,普罗克洛斯还在数学、天文学、物理学、文学批评等方面有所著述。

12世纪的一幅插图描绘了哲学正在拜访波爱修斯。这位基督教的新柏拉图主义者在“三位一体”问题上著述颇丰,并且提出了著名的“共性问题”。(图片来源:艺术文献库)

波爱修斯是什么人物?

波爱修斯是西方世界最著名的基督教新柏拉图主义者。他在“三位一体”问题上著述颇丰,并且翻译了许多评述亚里士多德的文章,这些译稿有深远的影响。他还在教育、科学、哲学等方面进行了大量论述。他后来关注逻辑学,关注哲学家的思维方式。在他对波菲利的评论中,他提出了“共性问题”。该问题以柏拉图和亚里士多德的思想冲突为基础,成为1000—1150年间哲学家关注的主要问题。

什么是“共性问题”?

波爱修斯所提出的“共性问题”讨论了什么使一事物不同于另一事物。让我们以家里养的狗为例。狗是生物中种类较多的一种。现在的科学家们能够区分出从吉娃娃到大丹狗各种狗,区分的依据是它们的DNA。狗的DNA是一种与早期犬类动物有联系的先天物质。但是在基因和DNA发现之前,人类就能够把某种动物判定为狗,即使这种动物具有独特的外表和特点。

适用于狗的这个道理也适用于所有自然物体——某个种类的成员似乎都有某种共同特点。柏拉图可能会说狗的本质是狗的形式,所有狗都包含其中。亚里士多德说狗的本质是“狗的特性”,人们了解这种特性,所有的狗都具有这种特性。但是这种特性只能由大脑抽象思考出来。

严格地说，在亚里士多德看来，除了罗弗、杰克、蕾西、布拉斯等不同的名字以外，并不存在狗的本质。共性问题就是关于柏拉图正确还是亚里士多德正确的问题。学者们为了回答这个问题费尽了心思。认为事物的本质确实存在的人，被称为唯实论者。还有些人认为所谓的本质不过是人头脑中的概括，这些人则是唯名论者。

波爱修斯是否密谋反对狄奥多里克大帝?

波爱修斯与君士坦丁堡的通信被披露以后，他因为涉嫌叛国而被捕。波爱修斯在狄奥多里克大帝（Theodoric the Great）手下担任执政官的第一年，为人甚是挑剔，也因此而树敌。这些人以波爱修斯写的一些似乎支持东正教会的神学文章为依据，说服狄奥多里克大帝相信波爱修斯支持东罗马帝国皇帝查士丁尼（Justinian）。查士丁尼在东部统治着罗马帝国的其余部分，企图伺机重新统一整个

在波爱修斯死后很久的时间里，为什么他还很出名?

波爱修斯最著名的是他的斯多葛派风格的新柏拉图主义著作——《哲学的慰藉》（*The Consolation of Philosophy*）。这是他被指控与查士丁尼勾结企图推翻狄奥多里克而被捕入狱之后写的。这部著作对整个中世纪以及以后的时期都很有影响。到1300年的时候，已经被翻译成了古英语、德语和法语。这部作品还影响到但丁（Dante）、薄伽丘（Boccaccio）、乔叟（Chaucer）等多个作家。

在《哲学的慰藉》中，波爱修斯否认了上帝不朽以及永生的说法。宇宙被创造出来，无始无终，但却是在时间中存在的。波爱修斯解决了上帝了解一切和人类具有自由意志这对矛盾，他说上帝能够立即知晓在任何时间里所发生的一切事情，包括人的自由意志。

罗马帝国（318年，根据不信仰三位一体的阿里乌斯教的教条，教会分为两大教派）。

行刑官把波爱修斯的脖子套住，活活把他勒死。由于绳子勒得太紧，眼珠都掉落下来了。狄奥多里克后来很后悔对波爱修斯施以这种酷刑。波爱修斯被捕后不久，就曾说过："如果曾经有任何获得自由的希望，我本应该尽力争取。如果我听说过有人密谋反对国王……你也不会从我这里得到消息。"

▶ 波爱修斯的《哲学的慰藉》如何同时具有斯多葛学派和新柏拉图主义的特点？

《哲学的慰藉》是以对话体写成的，书中描述了绝望中的波爱修斯与哲学的化身——一个积极向上、鼓舞人心的天使——进行对话。哲学对波爱修斯说：

> 凡人啊，是什么使你如此悲伤难过？你看到了异常的东西，对你来说很奇怪的东西。但如果你因此就以为命运不再眷顾你，那么你就错了。这就是命运，这就是命运的本质。不管命运如何变化，她都一直在你身旁。不管她向你微笑，还是她用虚假的好命运作为诱惑来嘲笑你，她都在你身旁。你也因此发现了这位女神的不同面孔。

波爱修斯能够见到天使，这是沿袭了新柏拉图主义的法术。天使在混乱和不幸的时候给人慰藉，这又具有明显的斯多葛学派特点。

▶ 早期新柏拉图主义包括女性哲学家吗？

是的。总体来说，基督教强调个人的不朽灵魂的重要性。虽然教会都由男人主宰，主要的神学家也都是男性，但是女性的哲学研究在各学派和各修道院中都占有一定的地位。女性地位的这种变化首先在新柏拉图主义运动中体现出来。

▶ 埃及亚历山大的希帕提娅是什么人物？

埃及亚历山大的希帕提娅（Hypatia）是一位著名的哲学家和教育家。她因为在新柏拉图主义哲学和数学方面的成就，在学术圈中非常知名。希帕提娅在新柏拉图主义的框架下，用数学方法研究更加世界的问题。在《赛昂》（*Theon*）中，希帕提娅的父亲对提出宇宙地心说的托勒密（Ptolemy）的《天文学大成》（*Almagest*）进行了评论，他说该书的第三章是他的女儿希帕提娅完成的。

虽然希帕提娅是异教徒，但是信奉罗马天主教的埃及政府还是任命她担任普罗提诺的一所学校的校长。她担任校长一职15年，既教男生，又教女生。据说她长得非常漂亮，是很多人崇拜的对象。她的学生西内修斯（Synesius）后来成为托勒密城的主教，他在短文、赞美诗和书信中表述了希帕提娅的观点。希帕提娅还是查尔斯·金斯利（Charles Kingsley）1853年写的小说《希帕提娅（又名：熟悉面孔的新敌人）》（*Hypatia; or, New Foes with an Old Face*）一书的主人公。

希帕提娅与亚历山大城执政官有瓜葛。该执政官反对激进的大主教亚历山大的圣西里尔。由于希帕提娅被卷入了这场纷争之中，希帕提娅被一群基督教暴徒用锋利的贝壳割成了碎片，尸体也被烧掉了（当代女权主义心理学期刊《希帕提娅》就是以她的名字命名的）。

阿斯克蕾比珍妮亚是否遭受了与希帕提娅同样的命运？

不是。雅典的阿斯克蕾比珍妮亚（Asclepigenia）在她父亲的学校里讲授新柏拉图主义思想。她用柏拉图和亚里士多德的智慧来解决基督教的道德问题。普罗克洛斯是她的学生之一。阿斯克蕾比珍妮亚的主要研究兴趣在于神秘主义方面的研究。

中世纪哲学

什么是中世纪哲学？

中世纪哲学是指公元4至14世纪这段历史时期的哲学思想。在此期间，人们对宗教问题的关注占据主导地位，人们研究古希腊哲学，还要把对理性的研究和宗教信仰结合在一起。这个时期的哲学主要（但不完全）局限在基督教教义的范围之内。4世纪的圣奥古斯丁（St. Augustine）首先赋予基督教在政治学和伦理学方面的哲学基础。在中世纪末期，在伽利略·伽利莱（Galileo Galilei）提出机械原理之前，尼科尔·奥雷斯姆（Nicole Oresme）在研究教会公认的亚里士多德关于运动的理论时，就预测出了微积分和坐标几何的发展。

▶ 基督教哲学和基督教神学有什么不同？

中世纪基督教神学家的主要任务是编制天主教会的教义，而不去怀疑其基本前提以及以《新约》为基础的宗教内容。中世纪基督教哲学家的主要任务则是向人们解释那些已经被人们接受的、没有基督教根源的理论如何能够与基督教神学相兼容。但是在早期教会的作品中，例如，在圣奥古斯丁的作品中，并没有记载这些。

圣奥古斯丁教堂的彩画玻璃窗上描绘的奥古斯丁像。（图片来源：iStock 图像）

▶ 圣奥古斯丁在早期中世纪哲学中扮演怎样的角色？

圣奥古斯丁是从古典时期过渡到中世纪思想阶段的一位关键人物。有人把他看作是最后一位伟大的古典思想家，也有人称他为第一位中世纪思想家。他经历了罗马帝国的衰落，见证了罗马帝国的政治动荡和军事失败，并亲历罗马接受基督教为官方宗教。圣奥古斯丁死前不久，有破坏者洗劫并焚烧了希波城，他就是那里的主教。

圣奥古斯丁非常有影响力的作品有《忏悔录》(*The Confessions*)、《三位一体论》(*The Trinity*)、《论创世纪》(*On Genesis According to the Letter*)以及《上帝之城》(*The City of God*)等。这些作品都反映了他信仰基督教之后的信仰，为后来的基督教写作提供了可供遵循的模板。虽然圣奥古斯丁早期接受的是修辞学教育，但是他后来对新柏拉图主义的研究深刻地影响了他对宗教的理解。他研究哲学的出发点是探索哲学如何为宗教服务，而不是把哲学看作是一门有价值的学科。这种对哲学的看法在中世纪广泛地被哲学家们所接受。圣奥古斯丁是最早的教父之一，并且按照天主教会早期的习俗，人们将他称为圣人。

圣奥古斯丁在《忏悔录》中忏悔了什么？

圣奥古斯丁的《忏悔录》的重要意义不在于他透露了自己的什么事情，而在于他使用了第一人称亲切的写作风格。这种风格后来成为宗教著作和哲学论文所使用的一种特殊体裁。《忏悔录》在奥古斯丁四十多岁的时候写成，讲述的是他在宗教上的渴望、奋斗和快乐。

圣奥古斯丁早期接受的是修辞学和文学的教育。他在18岁时曾说，他读西塞罗的对话录《荷尔顿西乌斯》(*Hortensius*，现已遗失)时受到了激励，决心要把一生投入到对智慧的探索之中。虽然他在386年信仰基督教，但是他一生教授修辞学，还曾经一度主要关注摩尼教(摩尼教不承认耶稣被钉在十字架上；摩尼教将基督教和佛教融合在一起，主要关注的是善与恶、明与暗之间的斗争)。圣奥古斯丁到意大利米兰时接触到了安布罗斯主教和一些基督教新柏拉图主义者。在那里他找到了他所感兴趣的复杂的基督教形式。

圣奥古斯丁认为新柏拉图主义预见了基督教关于上帝、创世纪、圣神存在的教义。他回到北非家中时被任命为牧师，后来又被任命为希波城主教。他进行了大量的布道、旅行和通信。在他的学术和虔诚的宗教活动中，他逐渐开始相信基督教《圣经》，尤其是福音书中对耶稣生平的记载，比哲学家的著作更为重要。他得出结论，比信仰更为重要的是一种思维上的东西，也就是理解。理解源于忠诚："相信才能理解更多。"理解需要对上帝有洞察力。

圣奥古斯丁说“上帝啊，让我变好……”是什么意思？

圣奥古斯丁认为自己年轻时行为不端，他的行为让他的母亲莫妮卡非常伤心。《忏悔录》记叙了一些年轻时的事情。他在书中反复重复一句话：“上帝啊，请让我变好，但不是现在。”但是，还有一些学者认为这段拉丁话更准确的翻译应该是：“哦，神啊，让我变得纯洁又禁欲吧——但不是现在！”他们还认为奥古斯丁不是在谈论自己的过去，而是在讽刺那些没有决心去培养自己的美德、献身上帝的人们。

圣奥古斯丁经常提及自己的错误，这使得一些人真的相信他犯了严重的错误。实际上，他的错误并不那么严重。作为年轻人，在信仰基督教之前，他热衷于美酒和美女。372年，他有了一个私生子，之后他与这个孩子的母亲保持了15年的联系，这在当时看来已经是比较体面的事了。

圣奥古斯丁怎样用哲学来支持教会的神学？

圣奥古斯丁试图证明一切人类知识都是合理的，当然他也允许存在错误。圣奥古斯丁说，所有知识，都存在于灵魂中，都是“理智赋予的，适于控制身体”。虽然灵魂能够作用于身体，但是身体不能作用于灵魂。不管灵魂是否意识到上帝的存在，上帝总是存在于灵魂之中。奥古斯丁的这些观点就建立起了宗教优于哲学的基础，也使人们在非宗教层面和宗教层面都形成了关于上帝的认识。

圣奥古斯丁最伟大的作品是《上帝之城》，他在书中区分了尘世上的国家（地球上的政府）和后世的宗教王国。尘世国家在保持和平、秩序、安全以及市民幸福方面起到次要的作用。相比之下，天堂之城则要求根据上帝的规则来生活。虽然尘世之城和天堂之城有可能会重叠，但是只有天堂之城是永恒的。

什么是黑暗的中世纪？

圣奥古斯丁在430年去世之前，所谓的“黑暗的中世纪”（约420 —1000年）就开始了。公元420年，住在罗马城内的西哥特人洗劫了罗马。在意大利、西班牙、英国等地的修道院中，出现了百科全书编撰者。

百科全书编撰者都有谁?

他们是试图将当时所有人类知识进行系统编撰的学者，其中的主要人物包括意大利的波爱修斯、塞维利亚的圣伊西多禄（St. Isidore of Seville）和在英国受人崇敬的比德（Bede），当然波爱修斯的成就要远远超过其他人。圣伊西多禄和比德都是基督教会的牧师。圣伊西多禄编撰了《词源》（*Etymologiae* 或称 *Origines*），系统地记录了当时的所有知识。在以后的几百年时间里，这本书一直被用作教会学校的教材。比德最著名的作品是史书，尤其是英国史。另外一位著名的哲学人物是约翰尼斯·司各特·爱留根纳（Johannes Scotus Eriugena）。

塞维利亚的圣伊西多禄设定了宏伟的目标，要编撰全面的百科全书，记载人类的全部知识。（图片来源：艺术文献库）

约翰尼斯·司各特·爱留根纳是什么人物?

约翰尼斯·司各特·爱留根纳是一位基督教纯理性主义者。约翰王把他请到了宫廷学校，让他翻译《伪狄奥尼修斯》（*Pseudo-Dionysius*）。这本书是由一位不知名的新柏拉图主义者撰写的，但是人们常常错误地把它当作圣保罗（St. Paul）的皈依者圣狄奥尼修斯（St. Dionysius）的著作。爱留根纳的翻译起初很成功。在对作品的内容进行翻译之外，他还构建了自己的思想体系，并著有《自然的区分》（*De Divisione Naturae*）。他认为哲学的基本前提是合理的推理与基督教哲学彼此相兼容。这就意味着，人们在必要时可以批判教会神父们的教导。更加充满异教思想的是，该书没有给神圣创世和救赎的信仰留有余地。因此，1225年，教皇何诺里三世将该书列为禁书。

为什么教皇何诺里三世认为约翰尼斯·司各特·爱留根纳的作品是异教?

在《自然的区分》中,爱留根纳呈现了一个新柏拉图主义的世界观和宇宙观,但这种世界观和宇宙观同时也是异教思想。天主教会不接受异教思想,因为异教认为上帝在世界范围内无处不在,上帝应该和世界万物区分开。在爱留根纳看来,我们不能把我们自己感知的自然特质归因于上帝。这种观点对于教皇来说没什么问题。问题是爱留根纳认为世界是上帝在不同阶段创造出来的:上帝创造了思想,或者柏拉图所谓的形式,然后思想又创造出了可以感知的事物。可感知的事物虽然不能够创造出任何事物,但是它们最终和上帝合为一体,这就意味着万物由上帝创造,又复归于上帝,万物循环的终点就是上帝。

圣伊西多禄的百科全书包括哪些内容?

塞维利亚的圣伊西多禄的百科全书《词源》是一本试图把当时所有知识汇集在一起,并简要地进行批判性编辑的一本雄心勃勃的著作。比如,在"A"字母部分有原子理论的条目,也有神秘的安特波地斯人的条目,据说他们居住在南非多岩石的平原地区。圣伊西多禄在《词源》一书中对安特波地斯人的描述为,那些人的巨大的脚趾不是长在脚的内侧,而是长在外侧,这使得他们行走在岩石地区时更加灵活。

经院哲学家

经院哲学家包括哪些人?

经院哲学是中世纪第一批真正有影响力的流派。经院哲学的创立者是11世纪坎特伯雷的安瑟尔谟(Anselm of Canterbury),其继承者是12世纪的皮埃尔·阿伯拉尔（Pierre Abélard）和伦巴第人彼得（Peter the Lombard）。在这段时期，犹太和伊斯兰哲学家也重新把亚里士多德重新介绍给了西方。这种革新在托马斯·阿奎那时期达到了顶峰，他的继承者是邓斯·司各脱（Duns Scotus）。

▶ 坎特伯雷的安瑟尔谟怎样论述上帝的存在？

安瑟尔谟是本笃会僧侣，后来被任命为坎特伯雷第二任诺曼大主教。因为他在著作《证据》（*Proslogion*）一书中提出了证明上帝存在的本体论的证据，以及在《上帝何以化身为人》（*Cur deus homo*）中提出的满意模式而闻名于世。

安瑟尔谟用来证明上帝存在的本体论观点大意是这样的：设想某种存在是能够想象出来的最伟大的存在。这种存在只能存在于智慧之中。如果这种伟大存在只存在于智慧之中，那么还可以想象出存在于现实中的一个更加伟大的存在。但问题是现实中不能存在一种比能够想象出来的最伟大的存在还伟大的一种存在。因此，那种想象出来的存在就是最伟大的存在。

这样，最伟大的存在可以是任何东西，它们具备所有那些只要具备就比不具备强的特点，比如活着、智慧、强大、真实、公正、受到保佑、不变化、非实体、永恒、美丽、和谐、甜美等。这就意味着——这就是本体论最重要的问题——因为存在优于非存在，那么上帝将具备存在这个特点，也就是说，上帝是存在的。

安瑟尔谟继续说，上帝就是能够想象出来的最伟大的存在，上帝是简单的。任何事情，只要与造物者——上帝——相似，都是有价值的。所有的存在物都是由上帝创造出来的。但是上帝是独立的，不对其创造物负责任。

▶ 安瑟尔谟的本体论是否遭到反对？

是的。安瑟尔谟死后，他观点的各种版本在哲学史上不断出现，对他的反对之声也层出不穷。直到今天，在某些范围内，他的观点仍然是人们争论的话题。安瑟尔谟以这样的方式提出他的观点——即使是不相信上帝的傻子也会同意他的观点。与他同时代的一名叫做高尼隆（Gaunilon）的僧侣常常扮演傻子的角色。

高尼隆首先说不可能想象出“一个比任何存在都伟大的存在”。安瑟尔谟回答说如果能够听懂“一个比任何存在都伟大的存在”这句话，那么这个人（傻子）

就能够想象出这样的存在。由于这个存在如此伟大，而且存在优于不存在，所以这个存在是存在的。

安瑟尔谟的本体论的根源是什么？

第一，安瑟尔谟关于上帝存在的观点依赖纯理智来作为获取真理的手段，这种手段可以追溯到古希腊时期。只依赖理性，而不依赖观察或者经验的方法，可能更接近柏拉图或者新柏拉图主义者，而不是亚里士多德。第二，他的论点是以古代的认为存在比不存在好的假设为基础的。

有人成功地驳倒了安瑟尔谟的本体论观点吗？

很多哲学家认为康德驳倒了安瑟尔谟的观点。康德说，存在不是某物可以或者不可以具有的"一种论断"或者一种特质。但是其他哲学家仍然继续辩论安瑟尔谟和其他本体论观点。

伦巴第人彼得对中世纪哲学作出了怎样的贡献？

伦巴第人彼得是一位意大利神学家，著有《教父名言集》(*Book of Sentences*)。彼得先后在意大利的博洛尼亚、法国的兰斯和巴黎接受教育，他还曾在巴黎圣母院教书。《教父名言集》围绕着重要的神学问题和主题撰写，比如"上帝是否是邪恶的源泉？"等问题。彼得首先提出问题，然后说明教会神父会怎样回答这个问题，最后再提出自己的答案。

伦巴第人彼得是怎样回答他自己提出的"上帝是否是邪恶的根源"这个问题的？

上帝当然是善良的，有着善良的本性。从善良的本性中，上帝创造了一个天使。但是这个天使被创造出来以后，却变成了邪恶，并且把这种邪恶传递给了人类。人类身上的这种邪恶就成了罪恶。这样说来，上帝就不是人类罪恶或者邪恶的第一根源（彼得的这种解释类似于我们对于好父母怎样养育出坏孩子的解释——生儿育女后，父母要在一定程度上对其道德负责，而彼得则把它归结到了天使身上）。

彼得在他的四卷本《教父名言集》（*Book of Sentences*）中讨论了这样的一些问题，这本书在13世纪之前一直是神学教育的经典教材。还有人在这本书的基础上，发展了自己的思想。

皮埃尔·阿伯拉尔试图用逻辑学来解释基督教的教义。（图片来源：艺术文献库）

皮埃尔·阿伯拉尔在哲学上因何而知名？

皮埃尔·阿伯拉尔是一位法国神学家，著有《基督徒神学》（*Theologia Christiana*），他在这本书中试图用逻辑学来解释基督教的教条。他精湛的逻辑学吸引了来自欧洲各地的学生。他是欧洲第一位对亚里士多德的《解释篇》（*On Interpretation*）作出论述的经院哲学家。早些时候，波爱修斯也对亚里士多德的这部著作进行过评论。

阿伯拉尔区分了表达的意义和说话人的意图。他认为说出来的话语不一定是说话者意图的真实体现。话语的意义只是句子传递出来的信息，但是这并不一定是说话者的想法。这种区分对当代语言学家来说仍然很有意义。

迈蒙尼德

犹太哲学家在中世纪的思想中占据怎样的位置？

迈蒙尼德（Maimonides）本名摩西·本·迈蒙（Moses ben Maimon），他对

后来犹太学术的发展以及对托马斯·阿奎那和其他很多思想家都产生了巨大影响。像阿威罗伊一样，迈蒙尼德也出生在西班牙的科多巴，而且他极其崇拜亚里士多德。虽然他坚持认为他的著作只写给犹太读者，但是除了犹太哲学家和神学家研究他的哲学思想之外，天主教和伊斯兰教学者也对他的哲学思想进行了研究。

▶ 迈蒙尼德在学术上的主要贡献是什么？

迈蒙尼德带着家人离开西班牙后，在1165年来到了埃及开罗。在那里他成为萨拉丁掌权时期的维齐尔（伊斯兰教国家的高官）的医生。迈蒙尼德写了10部医学书籍，但是他对犹太教最重要的贡献是他的犹太神学著作：讨论《旧约》中613条法律的《圣诫书》（*Books of Commandments*）、解释希伯来法典的实用目的的《密西拿评注》（*Commentary on the Mishneh*）以及构成了14卷犹太法典且至今仍为经典的《密西那—托拉》（*Mishneh Torah*）。对西方哲学影响最大的是他的《迷途指津》（*Guide of the Perplexed*）。

迈蒙尼德的《迷途指津》一书的封面，这本书试图调和宗教与哲学的关系。（图片来源：艺术文献库）

▶ 为什么迈蒙尼德的《迷途指津》仍然被看作是伟大的哲学著作？

迈蒙尼德撰写《迷途指津》是为了给当时那些纠结于古希腊的科学和宗教问题的人们指点迷津。他似乎想告诫读者不必放弃自己的宗教信仰就能够理解哲学。一些读者在理解迈蒙尼德的推理上可能存在一定的困难，为了照顾这些人，他故意把亚里士多德学派的观点分散到全书的各个部分，而没有把这些观点集中在一起。他提出一个观点后，总是附加讨论一下相反的观点。也就是说，迈蒙尼德帮助那些理解上存在困惑的人的方法是首先让他们更加困惑。但是，由于迈蒙尼德处理困惑的手段如此高明，所以《迷途指津》在学术上一直备受争议。

迈蒙尼德在《迷途指津》中指出了哪些困惑？

第一，可能也是最重要的一点是，《迷途指津》提出了人们关于上帝能够知晓什么这一问题。根据从阿维森纳那里继承下来的否定神学的理论，关于上帝我们不能知道任何肯定的事情，因为人类所经历的任何存在都没有共同点，上帝也不存在于人类的经验中。我们所能够知道的，只能是上帝不是什么（否定神学这一教义认为上帝是不能够被人类认识的）。

第二，犹太教上帝的观点与亚里士多德学派哲学上的上帝的观点是矛盾的。在哲学上，上帝是智慧，但是在宗教看来，人们无从得知上帝是什么。迈蒙尼德在下面的篇幅中总结了这个问题，并得出了他自称的“非常可耻的结论”。

> 有智慧的人都知道神在任何方面都是完美的，但是他们认为神不能创造出任何事物的新形式。比如，如果神想把苍蝇的翅膀变长，或者把虫子的腿变短，这都是不可能的。但是亚里士多德不会希望神那样做，也不能希望某物被变成不同的模样。这一点对神是否完美没有什么影响，但是从某种角度来说，这说明了神是有缺陷的。

第三，迈蒙尼德否认了亚里士多德学派关于世界永恒的说法。虽然他自己没能提出合理的证据来说明他的观点，但是他也并没说在这个问题上宗教是绝对正确的。

哲学家们为什么喜欢迈蒙尼德？

在哲学家们都惧怕宗教权威迫害的那个时代，迈蒙尼德在宗教环境下捍卫了哲学思想的正当性。迈蒙尼德在调和亚里士多德哲学（当时人们的理性思维能够得出的最好结论）与哲学的关系时提出了一些问题，这也为宗教本身提出了相关的哲学问题，比如知识的局限、理性穷尽时将会怎么样等。换句话说，我们是否可以说理智的局限就是人类知识的局限，还是应该把理智的据点拓展到宗教信仰和顿悟的领域中呢？严格地说，这些问题也是我们应该怎样看待宗教的问题。

在中世纪这个宗教盛行的伟大时代，哲学家们受到了限制，他们必须首先承认上帝是存在的，而且上帝是善良的。但是哲学家们总是想突破知识的局限，寻找确定的真理。迈蒙尼德把亚里士多德塑造成了哲学的化身，这样他就能够巧妙地提出这样一个问题——理性是否能够同时在犹太教的上帝和基督教（还有可能是穆斯林）的上帝面前证明信仰。

要知道，这样的问题如果不是借着哲学权威亚里士多德的名义提出，那么提问者可能难以生活或被逐出教会，甚至会被处死。在那个宗教盛行的伟大时代里，哲学家们并不是傻子。他们显然要效忠于各种神学制度和领袖，这些领袖操控着欧洲和中东地区的社会、政治和经济生活的各个方面，还支持自己的宗教教派。

托马斯·阿奎那

托马斯·阿奎那是什么人物？为什么说他是中世纪最伟大的哲学家？

托马斯·阿奎那出生在意大利南部。他在本笃会的修道院学习神学，又在那不勒斯大学学习。他年仅20岁时就加入了多明我会。他后来在巴黎学习神学，在1256年获得了博士学位，并在那里任教直到1259年。此后他在罗马附近的多明我会研究院讲授神学和哲学，后又返回巴黎。1272年他在那不勒斯教书一年。阿奎那在去法国里昂一个教会的路上去世，去世的地点就在他的出生地附近。

在他1252—1273年的教书生涯中，阿奎那撰写了大量的著作。他清晰地阐述了如何解读亚里士多德这一困扰人们多年的问题，明确地划分了基督教神学和哲学的界限，并且说明两者在很多问题上是如何相互兼容的。

▶ 托马斯·阿奎那有哪些主要作品？

阿奎那一生中撰写了大量著作，包括对亚里士多德的评论、对艾尔伯图斯·麦格努斯（Albertus Magnus）讲学的报告、对伦巴第人彼得的《教父名言集》的评论以及很多哲学论文，如《论存在于本质》（*On Being and Essence*）、《论自然法则》（*On the Principles of Nature*）、《论独一理智——驳阿维洛伊主义者》（*On the Unity of the Intellect against the Averroists*），但他最著名的作品要数《反异教大全》（*Summa against the Gentiles*）和《神学大全》（*Summa on the ology*）。

托马斯·阿奎那坐在亚里士多德和柏拉图之间。现在人们仍然将阿奎那看作是哲学史上最伟大的人物之一。（图片来源：艺术文献库）

▶ 阿奎那的主要原创观点有哪些？

虽然托马斯·阿奎那深受亚里士多德学派、斯多葛学派、新柏拉图学派以及圣奥古斯丁的影响，但是人们认为他解决以往的哲学与基督教神学之间问题的手段还是非常特别的。他的许多解决办法都比较温和，但却没有在思想上作出妥协。比如，他对“一般概念”（即普遍名称是否能够为实际存在的普遍事物命名）的看法，被称为“温和相对主义”。阿奎那不相信存在普遍事物及其普遍真理，但是他又创造了一个人类思想之外的普遍事物及其普遍真理的基础。这个基础就是同一种类的不同事物常常以这个种类来命名（比如，各种猫都可以被叫做“猫”），它们之间确实存在相似之处。我们无法判断这种解决办法是否只是重述了原来的问题，但是它确实给了很多人从新的角度去认识一个旧问题的启示。

▶ 阿奎那能够解决信仰与理智之间的冲突吗？

托马斯·阿奎那把信仰重新定义为一种知识，而不是某种特殊的感觉或者思想态度。在这个前提下，他说信仰介于观点和科学知识之间。信仰高于观点，因为信仰包含着更高程度的认同。信仰又低于科学知识，因为它缺乏可以达成共识的事实性证据。

阿奎那认为哲学是基于现存知识和经验的一种理性，它可以引出新的知识，他将其称为“发现之旅”。他认为哲学还是把信仰还原为基本规则，从而用理智来证实信仰的过程，他把这叫做“还原之旅”。如果人们开始的信念是建立在信仰的基础之上的话，那么哲学就变成了神学。神学有两种：一种是《圣经》上的真理，另一种是在宗教原则基础之上的解释或形而上学。

尽管阿奎那赋予形而上学以神学色彩，但是他还是把哲学和神学做了区分。比如，在《论世界之永恒性》（*De Aeternitate Mundi*）中，虽然他持有宗教的观点，认为世界不是永恒的，但是他还说按照哲学的推断，世界有可能是永恒的。总的来说，阿奎那认为除了宗教顿悟以外，我们可以通过感觉经验和对感觉经验的理解来获取知识。

▶ 阿奎那对科学持有怎样的看法？

托马斯·阿奎那接受亚里士多德学派的观点，认为每个事物都有自己合适的位置。他提出的宇宙观是他认为地球是一系列同心球体的中心。他认为科学结论需要得到判断和衡量，所以所有的发现和报告都应该经过仔细的考虑和比较。他还认为科学知识应该被更新和修订，这是现代经验主义的重要原则。

阿奎那真有制造老鼠的秘方吗？

像他同时代的很多人那样，托马斯·阿奎那相信昆虫和寄生虫的"自然发生说"。该学说认为生命可以不通过母体而直接存在。这种生物学神话可以追溯到亚里士多德时期，而且奇怪的是，如果你仔细想想，这还是经验主义的观点。比如，苍蝇似乎确实是突然从腐烂的垃圾中飞出来的。人们用了很长时间——直到17世纪——才明白能孵化出苍蝇的蛆是从苍蝇的卵孵化而来的。

阿奎那认为由于恶魔的影响，昆虫产生于污秽之物。但是老鼠的产生却依赖于星辰位置的变化。阿奎那甚至还有一个秘方来证明老鼠的这种生成方式：把一些破布和小麦放在抽屉里，在一段时间之内不要动它们（以便在足够的时间里，星辰能够对它们产生影响），过一段时间以后再去看。在这个问题上，还是存在粗浅的经验主义问题。如果某个房子里有老鼠，居民一般看不见老鼠的繁殖，更看不见母老鼠筑巢、产仔。如果这发生在一个不被人注意的抽屉里，那么当人们突然打开一个原本只有破布和小麦的抽屉，却突然发现一堆粉红色的老鼠幼崽的时候，一切就都明白了（如果你想要在家里试试，不一定需要小麦——尽管老鼠妈妈当然会很喜欢小麦）。

阿奎那怎样看待灵魂？

托马斯·阿奎那认真仔细地研究过人们在人类感官、智力、意志和情感等方面的知识，认为人类是所有这些因素（或者叫做"力量"）的结合。简单地说，肉体是人类的材料，而灵魂或"形式"是人的本质形式。灵魂可以理解普遍真理，可以施加自由意志，这就证明了其非物质性。灵魂的实际就是其精神性。因为灵魂不能被分割，所以它不会被腐蚀，因此是不朽的。另外，由于灵魂不能够被分割，所以它也不具有生物遗传性，它是在人出生的时候由上帝直接创造出来的。这种在出生时上帝的干预赋予了人类繁衍的生物过程以神圣和尊严，也使婚姻更加神圣。

阿奎那为什么被天主教徒称为“天使博士”？

托马斯·阿奎那被称为“天使博士”，因为他认为世界上存在比人类的智力和能力更高的“存在”。这种存在位于宇宙的最高层面，它们的数量是有限的，但是是纯精神之物。这些存在就是天使。

在非宗教意义上，阿奎那对形而上学作出了怎样的贡献？

托马斯·阿奎那对于“存在意味着什么”这个问题非常感兴趣。他试图把现实当作一个整体来理解，并想用终结原因解释所有的人类经验。关于形而上学对非实体物质的看法，他说：“虽然这种科学考虑了这些事情，但是它并没有把每一件事情都看作是其研究的对象。其研究对象是一个整体。”从字面上来理解，这就是说形而上学是超验于宗教的，因为宗教上的实体是有存在的，而它们的存在就是最广泛的哲学研究的对象。从形而上学的角度上讲，阿奎那认为每个存在都是不同而且不可分的，具有意义，每个存在都有其好的方面。

阿奎那区分了事物的本质和事物的存在。我们不需要考虑事物的存在就能够得知它们的本质，但是我们需要经过判断才能得知事物是否存在。

中世纪其他的一些重要哲学家

邓斯·司各脱的作品和托马斯·阿奎那的作品有什么不同？

邓斯·司各脱并不反对阿奎那，但是他将圣奥古斯丁的思想引入了以亚里士多德为主导的哲学和神学对话之中。司各脱还借用了阿维森纳关于统一的存在的思想，提出上帝是一种无限的存在，因为上帝在摩西·迈蒙尼德看来是“自有永有”的。

邓斯·司各脱曾在英国牛津、法国巴黎和德国科隆讲学。他说上帝在创造人类的时候，给每个人都赋予了不同的个性，即“此性”。司各脱认为理智是人

邓斯·司各脱重新介绍了奥古斯丁和阿维森纳的作品，这就深化了托马斯·阿奎那之后的哲学讨论。（图片来源：艺术文献库）

艾尔伯图斯·麦格努斯是一位神学家、哲学家，他更加赞成天主教会的观点，而不是亚里士多德的观点。（图片来源：艺术文献库）

的意志而非智力，因为意志可以驱使某事向某方面或者相反的方面发展。意志既有追求幸福和实现自我价值的愿望，又有根据实物的内在价值而喜欢实物的愿望。意志的这些特点会使我们热爱上帝，既因为上帝有自身的优点，也因为他是上帝。邓斯·司各脱还介绍了"智力直觉"这个概念，它指的是一种直觉，能够使我们具备确信自己想法的能力，并在来世直接面对上帝。

艾尔伯图斯·麦格努斯是什么人物？

艾尔伯图斯·麦格努斯是一位德国神学家，也是一位孜孜不倦的哲学家。他是巴黎大学的神学大师，他是一个反对犹太圣书《塔木德》（*Talmud*）的协会的成员。他在哲学上的主要贡献在于他对亚里士多德的评述；在亚里士多德的观点与基督教不一致时，麦格努斯不同意亚里士多德的观点，他会纠正亚里士多德，并用不同的观点来代替亚里士多德的论述。他的物质世界观是建立在占星术的基础上的。比如，他认为木星和土星的影响增大时，会导致大火，而当它们的影响减小时，会引发洪水。

▶ 奥卡姆的威廉是什么人物？

奥卡姆的威廉（William of Ockam，又称“奥卡姆”）被称为“无敌博士”，他是天主教方济各会的僧侣。他曾在牛津大学学习神学，有很强的逻辑能力，这也许是他具备深刻的经验主义见解的原因。经验主义并不依赖神学，并没有被中世纪的经院主义哲学家们所广泛接受。当然“奥卡姆剃刀”（Ockam's Razor）原则——如无必要，勿增实体——并没有被人们接受。奥卡姆剃刀是一种理论构建中的最简化原则，反对对数据或者现象做过多的解释。

奥卡姆的经验主义还适用于普遍事物，他否认真实的存在。他说唯一真实的存在就是现存的事实。他认为普遍事物是概念的代名词，这被称为“概念论”。他认为在自然界中没有受意志支配的因果关系，这就意味着连上帝也不能干预自然法则。但是奥卡姆认为上帝可以干预人类的认知。

▶ 奥卡姆的威廉的思想起初是否被人们接受？

约翰·卢特雷尔（John Luttere Ⅱ）是牛津大学前名誉校长，他从奥卡姆的作品中总结出五十多条异教学说，交给了教皇若望二十二世。因此奥卡姆被叫到了法国的阿维尼翁的教皇委员会，当时法国的红衣主教取代了罗马主教的位置［这段罗马教皇被迫转移的时期在历史上称为“阿维尼翁之囚”］。虽然奥卡姆没有受到指控，但是他的51部作品被禁，在阿维尼翁期间，奥卡姆对教皇给予方济会的特权进行了调查。奥卡姆得出结论是，教皇若望二十二世“不是真正的教皇”。

奥卡姆在得知教皇若望二十二世对自己的著作下了禁令之后，便跑到反对教皇的巴伐利亚摄政王那里寻求庇护。他在巴伐利亚期间，教皇宣布将他逐出教会。那时巴伐利亚“黑死病”猖獗，人们认为奥卡姆的威廉最后死于“黑死病”。

文艺复兴的人文主义哲学

▶ 怎样的历史背景推动了文艺复兴人文主义哲学的发展?

一般认为文艺复兴时期是1450—1600年。这段时间正是中世纪转型为现代社会的时期。文艺复兴起源于意大利,在此期间人们对文学、诗歌、绘画产生了浓厚的兴趣,这是文艺复兴的显著特点。人们注意力的重心由中世纪对宗教的专注转为对可感知的世俗世界的关注。西方世界改变了,其价值观也发生了改变:哥白尼革命使人们彻底重新认识了人类在茫茫宇宙中的位置;最终导致科学革命的一些探索逐步展开;国家政权的种子在人们的思想和行动中开始萌芽;欧洲人去亚洲、非洲、美洲寻求探险、科技和财富的大航海时代拉开了帷幕。文艺复兴期间的所有这些因素开启了哲学的新时代。

▶ 马西罗·菲奇诺对文艺复兴精神作出了怎样的贡献?

1473年,马西罗·菲奇诺(Marsilio Ficino)被任命为牧师,他试图在意大利佛罗伦萨文化生活中心,通过柏拉图主义把人们引导到基督教的道路上来。虽然他是把柏拉图的《对话录》翻译成拉丁语的第一人,但是他并不是一位纯粹主义者。他还翻译了普罗提诺和其他一些新柏拉图主义者的作品。

马西罗·菲奇诺是一位牧师,他通过柏拉图的思想来论述基督教。(图片来源:艺术文献库)

菲奇诺认为柏拉图的思想来自埃及一位传奇术士赫尔墨斯·特利斯墨吉斯忒斯(Hermes

Trismegistus),他也翻译过他的作品。菲奇诺声称自己的智慧集哲学和宗教于一身。他自己的著作《论生活三笺》(*Three Books on Life*)提出了世界灵魂的说法,即世界上的肉体以一种玄妙的方式相连。在人类世界中也存在着类似的关系——星光体——连接着肉体与灵魂。这种世界与人类之间的并列结构就是使得灵魂升华和获得世俗美德的原因,实现这样的结构可能还要借助于法术。

菲奇诺的世界观和灵魂信仰与亚里士多德派的基督教大相径庭——甚至有些趋于异教——所以菲奇诺思想的传播即便不能说明正统思想的消亡,至少也能表明文化思想已经产生了重要的转变。

▶ 皮克·德拉·米朗多拉是什么人物?

皮克·德拉·米朗多拉(Pico della Mirandola)最出名的是他写的《关于人尊严的演说》(*Oration on the Dignity of Man*),这是他为将要在罗马公开辩论的900篇论文写的序言。教皇委员会审查了其中13篇论文。但是当米朗多拉准备在他的《申辩》(*Apology*)中为这些论文辩护的时候,教皇英诺森八世把他的所有论文都列为禁书。

皮克·德拉·米朗多拉因为《关于人尊严的演说》而受到教会的迫害。(图片来源:iStock图像)

米朗多拉只好到法国寻求庇护,但是他在那里被捕入狱。后来返回家乡——意大利的佛罗伦萨——继续写作。他对菲奇诺的思想特别感兴趣——尽管他在《反占星术的辩论》(*Disputations against Astrology*)中对他的一些想法提出了质疑。

米朗多拉的《关于人尊严的演说》被看作是文艺复兴人文主义的经典之作。他认为人的尊严在于人类在宇宙中的位置。他曾说过这样一段著名的话:人类的自由,不在于人类创造自我或者决定自己命运的自由，而在于可以选择基督教所定义的善与恶的传统基督教的自由。

德西德里乌斯·伊拉斯谟的思想有何哲理？

阿尔布雷希特·丢勒（Albrecht Dürer）在1526年的一幅作品中描绘的德西德里乌斯·伊拉斯谟。（图片来源：iStock 图像）

德西德里乌斯·伊拉斯谟（Desiderius Erasmus）出生在荷兰，是一名牧师的私生子。由于他翻译的《圣经》以及他的哲学思想，他在整个英国和欧洲都很出名。他是古典时代以后第一位在宗教争论中承认怀疑主义的思想家。他的《愚人颂》（*Moride Encomium*）重新向人们介绍了一种简单而虔诚的基督教思想。但是当马丁·路德（Martin Luther）在宗教改革运动时寻求他的支持时，他却拒绝了。路德对他提出批评后，他撰写了《论自由意志》（*On Free Will*）来进行回应。在文中，他说人们不可能知道人类没有自由意志，这与路德的观点是不同的。

伊拉斯谟自己并不是哲学家，但是他取笑经院哲学家所专注的事物。后来人们慢慢觉得经院哲学家的思想不那么重要。由于他在教育体系方面对欧洲的影响，希腊语、拉丁语、希伯来语教育得以推广。总体来说，他积极支持批判精神。很多学者认为这种批判精神最后导致了启蒙时期的到来。

托马斯·莫尔爵士对他的乌托邦设想是不是认真的？

虽然托马斯·莫尔（Thomas More）深受德西德里乌斯·伊拉斯谟对经院哲学思想嘲笑的影响，但是他最主要的作品《乌托邦》（*Utopia*）所呈现出的观点却是非常严肃认真的。这部作品成为现代社会描述理想社会的典范。像伊拉斯谟一样，莫尔在古希腊哲学和早期基督教思想中寻求关于人类社会的想法。莫尔从伊壁鸠鲁那里得到灵感，而且和伊壁鸠鲁一样，莫尔经常和与他兴趣相投的人一起寻欢作乐。

《乌托邦》的主要叙事者是拉斐尔·希斯罗德（Raphael Hythlodaeus）。他是一位四处游历的哲学家，喜欢柏拉图、普鲁塔克、亚里士多德等哲学家以及罗马学者塞内卡、西塞罗等人。乌托邦是一个小岛，那里是一个完全平等的共产主义社会。《乌托邦》反映出莫尔支持妇女权利、传统家庭的思想，他认为人们要借助基督教的美德才能获得幸福。

▶ 托马斯·莫尔爵士为何成为殉道士？

莫尔爵士是受过正规训练的律师，从1517年开始，他为国王亨利八世服务，被任命为大法官。1534年，英国议会通过了《继承法案》（*Act of Succession*），规定英国王室的继承人应该是亨利八世和安妮·博林（Anne Boleyn）的孩子，这就剥夺了亨利八世以前婚姻所生的孩子（包括伊丽莎白，即后来的女王伊丽莎白一世）不能继承王位。

莫尔拒绝发誓支持《继承法案》的《至尊法案》，所以被关进了伦敦塔。他被判处叛国罪而被砍头。莫尔身在高位时也仍然坚持自己的原则。人们认为他拒绝支持《至尊法案》是因为他觉得亨利八世越权。亨利八世首先宣布自己是英国教会的主教，这样他就能够控制教会，以便与安妮·博林结婚。接下来亨利八世还可以干涉王位的继承人选。莫尔在生命的最后时刻说道："我是王国的好仆人，但是我要首先忠于上帝。"1886年，教皇向莫尔行宣福礼，宣布死者已升天。1935年，教皇庇护十一世宣布莫尔为圣徒。

▶ 为什么弗朗西斯·培根称伯纳德·特勒肖为"现代第一人"？

伯纳德·特勒肖（Bernardo Telesio）在意大利帕多瓦大学学习哲学、物理学和数学，26岁时获得博士学位。他后来的教学活动包括在卡拉法家族的资助下，在意大利那不勒斯与朋友们进行对话。教皇格里高利十三世也请他到罗马去。特勒肖最主要的作品是《根据事物的原则判断事物的本性》（*On the Nature of Things According to their Principles*）。

特勒肖的创新之处在于他提出了自然知识应该建立在对物质的感官信息

托马斯·莫尔爵士反对国王亨利八世为自己牟私利的政策而被处死，后来被教皇称为圣徒。（图片来源：iStock图像）

和冷热力量了解的基础上。特勒肖强调了感官信息，所以人们认为他奠定了严密科学研究的思想基础。在这种科学精神背景之下，很快就出现了弗朗西斯·培根（Francis Bacon）、伽利略·伽利莱等科学家。但是在自然理论方面，特勒肖的观点与新柏拉图主义的观点区别并不是很大。

根据特勒肖的理论，热由天所代表，是生命之源，是生物功能的由来。冷由地球所代表，与热相反。热还发出“精神”，精神位于人和动物的大脑中，负责预测和接收感官信息。人还具有心智，它是由上帝创造的，存在于肉体和灵魂之中。万物都有自我防护的本能，这种本能在人类身上的一个体现就是寻求永生。

▶ 圣女大德兰是什么人物？她有哪些主要观点？

圣女大德兰（Teresa of Árila）在22岁时加入了加尔默罗会修女行列。她在那里学习祈祷，一直到她47岁。1560年，她加入了西班牙加尔默罗会修女的改革运动。她的主要著作包括精神自传《生活》（*Vida*）、《完美之路》（*Way of Perfection*）、《内部城堡》（*The Interior Castle*）等。她撰写著作的主要目的就是帮助读者接受三位一体的信念。

大德兰认为神秘论是按阶段发展的。在《生活》一书中，她说灵魂就像花园。首先，要除去杂草，要从井中打出水来。在祈祷和冥想的这个最初阶段，感官受到的干扰越少越好。第二个阶段是安静地祈祷，这就像用水车浇水一样。到了第三个阶段，人们进行沉思，这就像花园中流淌的小溪一样。到那时，感官不再正常工作，灵魂想要脱离尘世去与上帝汇合。到了第四个阶段，实现汇合。

在《内部城堡》中，大德兰借用有很多房间的城堡的比喻来描绘沉思。经过六个阶段之后，灵魂将可以直接面对上帝。

▶ 为什么说圣女大德兰是一位文艺复兴人物？

圣女大德兰的作品反映了她的精神发展过程，因为她邀请读者和她一起体验这一发展过程。大德兰不同于圣奥古斯丁，他的忏悔最终集中在上帝和宗教团体上，而大德兰则主要关注个人的心灵和灵魂。大德兰在她的作品中，不断使用感官形象，还把神秘论比作求爱和爱情。这样的做法，在中世纪时期恐怕是不能实现的。而且在文艺复兴之前，这种纯女性的哲学思想恐怕也难以被表达出来。

四
怀疑论和自然哲学

▶ 怀疑论和科学革命之间存在怎样的关系?

在文艺复兴后期,古希腊怀疑论的复兴并非一开始就与科学调查研究紧密联系。怀疑论其实是天主教和新教神学家在宗教改革与反宗教改革时期用来争夺宗教地位的工具,天主教徒也用怀疑论来证实神秘主义和宗教信仰是通往真知的途径。

▶ 怀疑论如何推动宗教信仰和神秘主义之间的争论?

当两种宗教产生了矛盾和争议的时候,他们会将怀疑论应用于对方所主张的知识之中。天主教徒和新教徒都借助怀疑论来反驳对方关于上帝的认识。其结果并不是辩驳对方的观点,而是赞美他们各自的信仰。这种利用怀疑论来提升信仰和神秘主义的做法植根于伊斯兰哲学,尤其是在艾布·哈米德·安萨里(Abu Hamid Al-Gazali)的作品中有所体现。随着双方在宗教怀疑论方面的辩论逐渐消退,提倡观察法和科学法的现代怀疑论的用武之地就越来越宽阔。

▶ 自然哲学家有哪些?

所谓的“自然哲学”就是我们所说的科学。科学革命以伽利略为开始,到艾萨克·牛顿告终。在这期间,科学革命的主要推动者被称为“自然哲学家”,他们是同时代哲学家们敬仰的天才。

早期现代哲学、现代哲学与科学革命之间存在怎样的关系？

早期现代经验主义哲学主要是随着约翰·洛克和托马斯·霍布斯发展起来的，它直接受到科学革命的激励。弗朗西斯·培根建议科学应该应用于人类的进步事业中，这同时也是勒内·笛卡儿的梦想。但托马斯·霍布斯和约翰·洛克对知识都采取了实践和经验主义的态度，这比培根和笛卡儿的观点更接近当时的科学。霍布斯和洛克倡导的这种植根于科学的经验主义，后来由大卫·休谟进一步完善，并由约翰·斯图亚特·密尔编撰整理完成。

当时科学调查、关于知识的哲学理论以及科学哲学之间还没有明确的界限，直到自然哲学家提出一些发现和理论，才使之有了清晰明确的定义。

谁是哲学理性主义者？

哲学理性主义者相信先知是存在的，或者人的头脑中存在关于世界的普遍真理，而非经验。而经验主义坚持认为，我们所有关于世界的认识都基于特定的经验和感觉信息，而哲学理性主义与之大相径庭。17世纪哲学理性主义者，如勒内·笛卡儿，他虽然反对经验主义的智力方法，但他仍然将科学纳入了哲学中。笛卡儿一生都积极投身于科学研究和试验的哲学事业。大卫·休谟的经验主义给伊曼纽尔·康德提出了一个特殊问题，因为休谟对先前的基础理念，如上帝的存在和自然的力量所造成的后果等问题产生了质疑。在19世纪的现代社会，人们对经验主义的回应体现在黑格尔、尼采以及早期存在主义哲学家，如索伦·克尔凯郭尔（Søren Kierkegaard）的作品中。他们对先验真理和宗教认识的有效性给予了关注。

米歇尔·德·蒙田

为什么蒙田是个重要人物?

米歇尔·德·蒙田(Michel de Montaigne)是位随笔作家,他曾任家乡法国波尔多市的市长。他相信西塞罗的理论学说,并以他的理论学说为基础,复兴了古希腊怀疑论者塞克斯都·恩披里柯的思想。蒙田虽然生活在文艺复兴后期,但他的思想为科学革命和早期现代哲学时期的主流思潮奠定了基础。所以他在思想和哲学历史上的贡献不仅仅局限于文艺复兴时期。

什么是信仰主义?它和蒙田怀疑论的论证有哪些联系?

蒙田论证了怀疑论作为一把双刃剑的作用:怀疑论不仅能用于反驳那些荒谬的主张,同时也用于抨击任何知识的确定性,其中包括通过感知获得的科学知识和逻辑推理所得出的结论。由于这个原因,在天主教神学家抨击新教徒的主张方面,怀疑论发挥了极大的作用。反之,在新教徒抨击天主教的过程中也是如此。现在我们认为怀疑论者就是那些要求任何主张和判断都具有严密科学证据的人。通常情况下,怀疑论者不会轻易相信任何事。但是蒙田告诉我们,即使是最有力的证据,包括感官信息,也是可被质

蒙田展示了怀疑论可以有效地为科学或者宗教进行辩护。(图片来源:艺术文献库)

疑的。所以在他看来，怀疑论者最好去依赖信仰。蒙田的想法不仅仅包括对那些未被证实为确定知识的信仰，也包括不必追求缜密知识而是崇尚有信仰的生活。这就是所谓的信仰主义。

蒙田是怎样传播他的思想的？

蒙田使用间接方法来解释他的想法，这对于那些像他一样具有理性，并在文学、哲学和历史学方面都富有经验的人来说并不会感到惊讶。蒙田翻译了《自然神学》（*Natural Theology*），又称《生物之书》（*The Book of Creature*），该书是雷蒙・塞邦（Raimond Sebond）于1420—1430年的著作。雷蒙・塞邦是15世纪西班牙神学家，曾在蒙田就读的法国图卢兹大学任教。图卢兹大学在课程方面拥有最先进和最人性化的办学理念，鼓励智力的创造性。蒙田最初润色的著作是《雷蒙・塞邦的辩护》（*The Apology of Raimomd Sebond*）。他的首篇论文论述了感觉和智力认识的不确定性。他的结论是当人们作的判断超出了经验的范围时就应该中止。蒙田按照这种方法所得到的结论，发现了该时代与当下辩驳的观点相关的许多分歧意见。

蒙田还有哪些其他著作？

除了一些怀疑论的著作以外，蒙田主要因为其《随笔集》（*Essais*）而知名。其中最著名的一篇是《雷蒙・塞邦的辩护》（*The Apology of Raimomd Sebond*）。这些论文涵盖面广，充满了智慧，内容是关于蒙田本人的，介绍了他的品位、见解和其他大大小小的问题。后来，蒙田向法国国王呈献了他的散文后，便开始游历德国、瑞士以及意大利，并在著作《1580—1581年间途径意大利、瑞士、德国的旅游日记》[*Journal de Voyage en Italie par la Suisse etal'Allemagne en 1580 et 1581*（*Travel Journal*）]中记录了他的旅行见闻。蒙田在外交上积极活跃，他努力平息宗教之间冲突对立的局面，确保纳瓦拉的亨利登上了王位宝座，成为国王亨利四世。如果不是疾病困扰，蒙田很可能会成为亨利的宫廷一员。

蒙田提出的"标准问题"是什么？

蒙田极富理论性的论述是他知识理论的核心。人类的一切知识都来源于感

蒙田的智慧名言例子有哪些?

蒙田的一些思想来源于塞克斯都·恩披里柯,他将这些话语融入自己的研究框架之中。其中他最喜爱的一句话,也是他的座右铭以及他的《随笔》(*Essays*)中的名言,就是"我知道什么?"。

以下是从他的散文中摘录的一些名言警句:

"智者向愚人学习的东西多于愚人向智者学习的东西。"

"法官在一张纸上作出了他对一个奸夫行为的判决,而他也撕下一张便笺,向他同事的太太示爱留言。"

"不要评价你自己,这样你势必会失败,因为如果你贬低自己,别人会信以为真。而如果你赞美自己,别人却不会相信。"

"即便是坐在世界上最崇高的宝座上,我们也仅仅是自己坐在那里罢了。"

"时尚是表象的科学,它激发的是人们模棱两可的欲望,而不是确定的欲望。"

"记性不好的人不要说谎。"

"我要追随真理直到我入刀山火海,但我会尽力灭火。"

"有一些失败比胜利更值得称赞。"

"与其说是岁月在脸上留下了痕迹,不如说是岁月在脑海中烙下了深深的印记,人们永远或几乎很少看到灵魂,即便是渐渐老去,仍然嗅不到腐朽的霉味。"

"书给人带来的是潜移默化的愉悦。"

"当我们会同情别人遭受恶意快乐所带来的甜蜜的刺痛感,小孩子也有同样的感受。"

"很少有人被他们的仆人钦佩。"

"世界上最伟大的事情莫过于要懂得如何能找到自我。"

觉经验，但是人类所感知的事物不同，当我们面对幻想、梦想和所感知到的扭曲现象时，我们就显得脆弱无比。基于这些疑虑，蒙田提出了“标准问题”。我们需要有一个标准来衡量以经验为知识基础是否可靠，这个标准本身需要检测，那么就有必要存在第二个标准，为了测试第二个标准的准确性，就有必要存在第三个标准，以此类推。继蒙田之后，所有的理论和自然哲学家必须要回答蒙田提出的如下怀疑论问题：感官信息的不可靠性；专家意见的分歧；在价值观和习俗方面的文化差异；知觉的个体差异性；人类的可能性错误；最重要的是，必须有一个标准，或者中立的准则，来解决分歧。

▶ 当提及宗教信仰的时候，蒙田认为理性和信仰哪个更重要？

宗教信念的基础是理性还是信仰？在考虑这个问题时，蒙田认为信仰（即简单的信念）是最好的，因为所有的推理都可能被证明是有缺陷的。自古以来哲学观点便存在冲突，所以提出了“搁置判断”的皮浪的怀疑主义是可以接受的。即便是在新科学知识中，确定性也是不存在的，原因是专家们的观点不尽相同，而且科学知识也随时在改变着。

哲学家弗朗西斯科·桑切斯的肖像被描摹在1979年的葡萄牙钞票上。（图片来源：大图片文献库）

▶ 蒙田是唯一一个对理性持怀疑态度的哲学家吗？

不是的。蒙田的观点从塞克斯都·恩披里柯中汲取了营养，他认为在某种情况下，我们甚至都不知道我们是否具有知识。1590年，《塞克斯都假设》（*Sextus Empiricus'*

Hypotoses）出版了拉丁文、希腊文和英文版。皮浪的怀疑主义到了公元3世纪的时候逐渐消亡。在蒙田之前，德西德里乌斯·伊拉斯谟也提出了怀疑论，他依据对《判决之书》（*De Libro Arbitro*）的信仰来捍卫天主教，因为该书认为神学争论尚无定论。马丁·路德根据自己的良心和《圣经》，对伊拉斯谟进行了回应，声称他自己认为上帝一定是存在的。

教条主义是什么？

教条主义认为世界上至少有一件事情是我们可以绝对确定地知道的。

天主教教徒对马丁·路德的教条主义做何反应？

天主教教徒的回应就是他们质疑路德是否真的具有什么知识，他们还强调了基督教信仰的重要性。1596年，亨坦·埃尔韦（Gentain Hervet）出版了《塞克斯都假设》来挽救教条主义，这会在耶稣天主教会的教义中播撒下平和的信念。葡萄牙的哲学家兼医生弗朗西斯科·桑切斯的著作《这是未知的》（*Quod Nihil Scitur*）将皮浪怀疑主义进行了发展，并用它来批判亚里士多德的学说。虽然他在唯名论的论据中结合了经验观察，却导致他得出了这样的结论：知识本身无法获得。桑切斯的观点更接近于柏拉图怀疑论，而不是皮浪怀疑论。

皮浪怀疑主义对知识的不可能性感到焦虑吗？

不。皮浪怀疑主义认为自己不是站在反对方的立场上，而是处于保持心神安宁、和平的精神状态下。皮浪怀疑主义认为人们能够治愈教条主义，在教条主义中，人们捍卫着没有证据的真理，由此引发了痛苦。公元3世纪的皮浪怀疑主义者将这一过程组织为2、5或10为一组的比喻，每一组都告诉人们如何终止对于超越表象之物的判断。

什么是皮浪怀疑主义比喻？

皮浪怀疑主义比喻是怀疑主义者认为的人们争论较大的一些典型科目。

▶ 皮浪怀疑主义如何缓解教条主义？

他们的想法是，一旦他们发现任何有争议的主张，便可以通过赞成和反对的理由和论据来平衡，没有任何理由去相信一方或另一方的言论。这是安静平和的思想，这是教条主义所不可能达到的。

▶ 皮浪怀疑主义如何影响早期现代自然哲学？

如果没有关于世界的确定知识，那么遗留的“感觉知识”的不确定性将成为唯一的关于世界的知识。现代自然哲学，或现代科学，就是基于这样的原则，即感觉知识是关于世界的所有知识的基础。

▶ 什么是感觉知识？

感觉知识是通过我们的感官，如视觉、触觉、听觉等所收集来的信息。

▶ 谁是现代科学开端时期感觉知识的主要维护者？

让·博丹（Jean Bodin）和皮埃尔·洛伊尔（Pierre Loyer）于1581—1605年提出了支持感觉知识的观点。他们认为，虽然感觉知识有时不可靠，但通过进一步的感官体验，其错误是可以纠正的。到了17世纪20年代，两位在科学界和知识界极富影响力的神父，马兰·梅森神父（Marin Mersenne）和皮埃尔·伽桑狄神父（Pierre Gassendi）用皮浪反亚里士多德的论据去反对玄学主义和占星术。

▶ 什么是玄学主义？

玄学主义发展于基督教炼金术的秘密实践，它致力于帮助人类获得精神上的进步。炼金术的行为不会公之于众，也不会通过其他途径为普通公众所知，但是人们认为这是涉及古代的新柏拉图主义、炼金术方法以及一些治疗病人的方法。一些人认为玄学主义是在14世纪早期继但丁撰写了《神曲》后开始的。其他一些人则认为是17世纪早期的一群德国新教徒创造的。促进15世纪炼金术发展，并传阅整个欧洲的三部著作被人们称为“人类的普遍革命”，它们分别是：《玫瑰十字联谊会报告》（*Fama Fraternitatis Rosae Crucis*）、《联谊会的忏悔》（*Confessio Fraternitatis*）和《1459年基督教婚礼》（*Chymical Wedding of Christian Rosenkreutz anno* 1459）。

有时人们认为但丁为玄学主义的创立提供了灵感。（图片来源：iStock图像）

▶ 17世纪初继蒙田之后的“自由思想者”是谁？

继蒙田后的“自由思想者”结合了皮浪怀疑主义和反亚里士多德主义，反对宗教正统思想和传统的权威。

当时最著名的自由思想者，有加百列·努德（Gabriel Naude）、盖伊·帕顿（Guy Patin）、弗朗索瓦·德拉莫特·勒瓦耶（Francois de la Mothe le Vayer）、皮埃尔·伽桑狄以及艾萨克·贝海（Issac La Peyrère）。努德和帕顿是人道主义者，他们对科学知识不感兴趣。而勒瓦耶则用怀疑主义去削弱科学知识。在这些人中，只有伽桑狄对“自然哲学”（即我们今天所说的科学）和哲学本身产生了深远影响。

▶ 反亚里士多德哲学是什么？

数百年以来，天主教的学者毫不怀疑地接受中世纪时期人们对亚里士多德的解读。反亚里士多德哲学正是反对这种做法的哲学观。

▶ 皮埃尔·伽桑狄是谁？

皮埃尔·伽桑狄（是一个天主教牧师，他对判断宗教教条主义的实证科

皮埃尔·伽桑狄对知识的本质和局限的折中观点怎样推动了科学的发展?

伽桑狄在没有破坏宗教核心信仰的前提下,展示了科学是如何发展的。如同他同时代的怀疑论者一样,伽桑狄也相信上帝。科学可以与宗教共存,因为科学不必像宗教那样去宣扬绝对真理。

学具有极高的影响力。他曾在迪涅和艾克斯学习,并在21岁时成为修辞学教授。他在法国阿维尼翁获得了神学博士学位,并在担任了牧师之后,在艾克斯成为哲学教授。他也从事天文研究。他发表了《针对亚里士多德的训练方法》(*Ecercitations Paradoxicae Adversus Aristoteleos*),他认为在亚里士多德的著作中存在有所质疑和错误之处。他对亚里士多德的抨击主要集中在质疑某些科学知识的可能性。伽桑狄反对亚里士多德的论断,他认为在科学中,确定性既不可能,也是不必要的。与此同时,他努力反对教会的教义,捍卫了原子论。伽桑狄研发出了著名的缓和或适度的怀疑论,从而支持了科学探究的结论。

▶ 皮埃尔·伽桑狄为什么宣扬缓和怀疑论?

皮埃尔·伽桑狄和他的同事认为当时的新科学具有高度价值。这些新革命包括哥白尼革命后提出的日心论(太阳中心论),还有认为一切物质的活动都是由最小粒子——原子——决定的原子论观点,以及亚里士多德思想中不符合这些观点的部分。伽桑狄借用怀疑态度反对亚里士多德,并用适度怀疑论来支持新科学,因此他的观点显得非常合理。在天主教会成员以及当时一些更极端的怀疑主义者中,伽桑狄极受欢迎和赞扬,而且他做事总是小心翼翼,避免与教会的教义发生冲突,这些对伽桑狄的事业有很大帮助。实际上,一方面捍卫新的科学,另一方面坚持没有确定的科学知识,这样伽桑狄就能在传统的天主教世界和新科学这两个世界中生存和思考。

皮埃尔·伽桑狄所解释的缓和或适度怀疑主义是什么?

皮埃尔·伽桑狄认为不能在科学中发现真理的确定性或必然性。必然真理体现为某种信念或者状态,可以用逻辑上的自相矛盾去否认——必然真理一定是真的。伽桑狄认为,我们知道的所有事情出现的方式并不是它们存在的方式(换言之,我们无法知道事物隐藏的品质)。如果我们没有亲身经历过可以作为原因的事件,我们将不能从导致我们获得经验的事件中得知这些原因。因此,如果我们经历了一些事件的结果,但不是原因本身,我们必须承认我们不知道其中的原因。然而关于事物的表象,我们可以发展出更多的有用信息,如果我们把原子论的知识扩展成一个假说便是如此。

在《结构哲学主义》(*Syntagma Philosophicum*)中,伽桑狄提出是否有分辨真理与谬误的确定标准。显然,即使对于怀疑论者来说,有些事情也是显而易见的,如"阳光灿烂"。真正困难的是那些隐蔽的事物。例如,星星的总数是奇数还是偶数。这样的事人们永远不会知道。但是还有一些不明显的事物,我们却可以通过"符号"获得一些信息。例如,我们所感知到的汗水是在我们皮肤上存在毛孔的"符号"。还有一些事物本身并不明显,但是我们可以通过一些暗示性的信号感知,比如隐藏的火是我们所看到的烟雾产生的原因。虽然我们不知道原子世界的存在,但是我们可以从确实察觉到的暗示性符号来推断。伽桑狄认为推测原子的性质,比如他主张原子如同数学一般精确,这是一种不必要的形而上学。他也坚持认为原子不适用于解释人类的灵魂。他认为如同天主教教义所讲的那样,灵魂是不可分割的,而且不朽的。

其他的哲学家和科学家对皮埃尔·伽桑狄的观点做何反应?

让·西洛宏(Jean de Silhon)和勒内·笛卡儿设法以发展积极的知识来避免伽桑狄的怀疑论。西洛宏认为知识可能存在于逻辑学与科学之中。笛卡儿的全部哲学都建立在这个基础之上:他试图证明与教会教义不冲突的科学知识是存在的。最后,伽桑狄所坚持的确定性不可能的观点得到了耶稣教会的支持,并谴责了笛卡儿。

科学革命

▶ 科学革命从何时开始，又是如何发生的？

15—16世纪，尼古拉斯·哥白尼提出了日心理论。在此期间，人们也重新发现了古希腊的原子论，科学革命便开始了。但直到17世纪末，艾萨克·牛顿的作品才使得欧洲受过教育的人清楚地意识到，一场成熟的科学革命已经发生。

▶ 科学革命的主要思想是什么？

科学革命的一些关键思想和理论包括地球围绕着太阳旋转、物质是由小粒子构成、所发生的每一件事都能通过数学或借助数学来解释、普遍原则或者自然法则必须由观察数据作为支持；也许最重要的是，科学本身是一个会造福人类、令人振奋的活动。

▶ 在科学革命时期理论和实践的关键人物是谁？

科学革命的关键人物是尼古拉斯·哥白尼、托勒密（他不是科学革命时期的人物，却与科学革命紧密相关）、伽利略·伽利莱、约翰内斯·开普勒、弗朗西斯·培根、罗伯特·波义耳以及艾萨克·牛顿。

▶ 科学革命的主要哲学角度是什么？

从纯哲学的角度来看，几乎所有自然哲学家的作品都对新柏拉图主义思想产生了重要的影响（从意大利文艺复兴时期的思想家到哥白尼，再到牛顿），科学革命被看作是趋向于柏拉图主义、持续反抗亚里士多德哲学的革命。

但它所涉及的范围远不止于此。亚里士多德哲学直接与天主教会的权利相关。教会的权利在宗教改革和反宗教改革运动中受到了极大的削弱，就像它的权利在哲学圈中被削弱一样。结果是，在科学和科学哲学的历史上，复苏的新柏拉图主义形而上学的影响是相对短暂的。到了理性时期，即18世纪的启蒙时期，实践理性和世俗理智开始构建西方的开明世界观。

科学革命的革命性何在？

科学革命的革命性在于它强调客观性，即客观地观察事件发生的自然原因。许多新发明，例如望远镜、显微镜、温度计、晴雨表、空气泵、电荷检测器等都辅助了人们的这种新尝试。客观性原则在发现、观测和实验中起到了重要作用。实验可以重复以便进行验证（然而，需要承认的是，重要的实验需要可靠的见证者，这些见证者通常是具有很高社会地位的人）。

由于数学追求可量化的精确测量和描述，因此它永远是科学的一部分。但是由于前苏格拉底哲学家们已经寻求了自然事件的自然主义解释，强调了数量的重要性，所以在这些方面，科学革命并不新颖。然而早期的现代客观方法强调创新。正如20世纪科学历史学家和哲学家托马斯·库恩（Thomas Kuhn）所指出的那样，经典的古代科学是天文学、静力学（身体静止状态或力量均衡）和光学。这些都与数学、音学有关，因此，这些领域的一个进步会带来另一个进步。到了16世纪，地理运动（不同于亚里士多德的运动观点，这是一种质的改变）被纳入了数学科学。

17世纪，人们对数学科学进行了修订，增加了解析几何学、微积分、新的定量运动定律、关于视野和折射以及色彩的新理论、以静力学研究为基础发展的气体力学（对空气、液体和气体的研究）。库恩认为亚里士多德和中世纪哲学家也懂得观察和实验的重要性。真正新的事物不是增加了新领域或是惊人的新发现，而是观念的更新，即用新的方法看待旧的事物。

关于哥白尼的生活人们知道多少？

尼古拉斯·哥白尼生于普鲁士（现波兰）的托伦。他先后在波兰的克拉科夫和意大利的博洛尼亚和帕多瓦大学学习人文学科、教会法规以及医药学等专业。他30岁时获得了费拉拉大学的基督教教会法博士学位。他的叔叔厄兰主教，帮助他在1497年成为波兰弗龙堡大教堂的教士，并担任他叔叔的医生。

哥白尼担任教士期间，他的工作包括文件整理和教堂资产管理。他精通希

所有人都认为科学革命可以造福人类吗?

几乎没有人能否定对自然世界客观、真实理解的价值。基于这些理解而发展的现代科技可以帮助人类延长生命,带来情感的安慰,促进人们之间的联系和交往。还有人认为知识应当是开放的,科学是可以被修订的,这可以追溯到早期的皇家学会。然而,在20世纪下半叶,历史学家和文化评论家对早期现代科学的客观性和价值提出了质疑。例如,考虑到实验的高度价值性,人们发现伽利略和波义耳的实验结果是通过事实推导而来的,而不是通过他们的直接观察得来的。牛顿的运动三定律并不是建立在实验数据的基础之上的,而是从抽象理论中推导出来的。

在文化方面,弗朗西斯·培根的观点就建立在这样的观点之上:地球和地球万物都是供人类操控和使用的原材料。认为自然本身有价值的观点是不合理的。此外,一些女性主义批评家认为科学革命从根本上脱离了古代和中世纪的观点,该观点认为地球是一个有生命的有机整体,是所有生物的母亲。他们认为这种观点的转变把攻击和暴力,而不是和谐和关爱,看作是美德。许多诸如鞣制、染色和酿造的手工艺,尤其是助产术,都与妇女紧密相关。但是基于"更加科学"的原则,男性接管了这些行业,并使这些行业脱离了私人家庭而存在。

腊语,并能把拜占庭诗歌翻译成拉丁语。他也懂得丰富的经济学知识,并逐渐对天文学和数学产生了浓厚的兴趣。

他在天文学领域所做的观察和提出的微积分使其闻名于世,1514年教皇利奥十世(Pope Leo X)请他帮忙改革历法。但是哥白尼却拒绝了,因为当时人们还不具备足够充分的知识来了解日月星辰天体的运行。但是哥白尼对历法改革作出巨大贡献的这一说法仍然广为流传。

1512年哥白尼开始发展他的理论学说,并通过《纪事》(*Commentariolus*)

向他的一群朋友描绘了他创造的体系。他的主要著作,《天体运行论》(*De Revolutionibus Orbium Coelestium Libri Ⅳ*)于他去世的同一年发表。同年,他也为波兰的普鲁士各省留下了关于币制改革的专著《钱币铸造的原因》(*Monetae Cudendae Ratio*)。该书写于1526年,但直到1816年才第一次印刷,这本著作倡导统一货币、维护货币的质量的思想,并且对贵族铸币的做法提出了控诉。哥白尼深知格勒善法则,即劣币会将良币排挤出流通领域。

哥白尼日心说挑战了天主教会关于世界的观点。(图片来源:iStock图像)

哥白尼如何改变了世界?

尼古拉斯·哥白尼创立了日心地动说,使人类改变了以往看待世界的方法。日心说认为,地球和其他的行星都围绕太阳旋转。日心说取代了托勒密的地球中心说,地心说则认为太阳和其他行星都围绕地球旋转。哥白尼在意大利旅行期间,正值古代毕达哥拉斯学说的复兴,该学说强调在自然界各个方面中数字的哲学重要性。随后不久,哥白尼渐渐对托勒密地心说体系表示怀疑。托勒密地心说体系不像数学那样精确,但是在哥白尼时期,教会却相信托勒密学说,正是因为该学说涵盖了圣经对于宇宙的描述。

托勒密关于太阳系的观点是如何被人们所接受的?

大约在公元127—151年,亚历山大的托勒密利用观察法和已有的文献,提出了太阳和行星围绕地球旋转的观点,这已成为当时的普遍看法。当时他的著作推翻了萨摩斯的阿里斯塔克斯的论著《太阳和月球的大小和距离》(*On the Sizes and Distances of the Sun and Moon*)。萨摩斯基于对月球的观察,提出了太阳比地球大得多的观点。意大利锡拉库扎的阿基米德把数学和观察结合在一起，创立了机械学。据他说，阿里斯塔克斯认为“固定的恒星天体和太阳保持不动，地球围绕太阳做圆周旋转，太阳位于运行轨道的中心”。阿里斯塔克斯正确地推测并解释了固定恒星表面的静止性——假设地球是运动的，那么与地球运行轨道的圆周直径相比，恒星之间的距离将会变大。

公元前2世纪，巴比伦帝国的塞鲁克斯（Seleucus）支持阿里斯塔克斯的学说，但是教育界观点的共识是地球是宇宙的中心，它可能是天空中旋转的悬浮的球，也可能是如同我们所见到的那样是一个稳定的固体。喜帕恰斯在大约公元前130年时，在比提尼亚提出了一种理论，该理论是建立在克尼多斯的欧多克斯的著作基础之上。依据欧多克斯和喜帕恰斯的观点，太阳、月亮和行星的运动是与地球同中心的晶体行星呈现的结果，这就是托勒密数学推测的基础。

托勒密学说仅仅是个宗教信仰问题吗？

不是的，地球是宇宙中心的观点并不仅仅基于宗教信仰。托勒密创立的托勒密学说对描述感觉经验、天文记录以及算术有很大的价值，影响了人类上千年。天体的构成比地球复杂得多，它们的运动情况几乎都依据托勒密的理论精

什么是周转圆？

周转圆是我们观察不到的，是一种理论上假设的圆周运动的符号。根据这个假设，我们所能观察到的是能够预测的，这就是“保全表面”，或者说理论与所观察到的现象相一致。在托勒密体系中，通过观察月亮、太阳和五大行星的运动，运用80个周转圆可以计算出它们运转的不同速度和方向，也能解释不同时间段出现的行星和地球之间的距离差异。行星本身是在小轨道上运行，也会沿着圆心轨迹或到大的轨道运行。周转圆和圆心轨迹可以在平面上接近平行地反时针方向运动，到达地球所运行的平面。

准预测的。托勒密的理论也与当时的自然哲学相一致，认为万物都是由土、水、火和气所组成的。然而，托勒密的假说认为地球处于静止不动的位置，需要80个“周转圆”来“保全表面”，这就意味着需要新的复杂的假设使理论和观察相匹配。

哥白尼如何改变了托勒密体系？

哥白尼提出了地球和所有行星都围绕太阳在同心轨道上运行的体系。哥白尼进一步将假设周转圆减少到34个，仍然可以使之保全表面，而且也没有与所观察到的现象相悖。这就转变了从地球到固定恒星的天文参考基本框架。正如他所说：

> 在固定恒星表面上存在一些物体，正因为如此，它们是不移动的；在真实的宇宙结构中，所有其他星星的运行和位置都是指定的。虽然有些人认为它会以某种方式移动，但是我们的地球运行理论可以证明它为何如此运动。移动的天体首先到达土星，完成它若干年的环形线路。继它之后，木星便开始了它12年的循环运动。然后是火星，开始了两年一次的旋转。第4个是年周的循环，也就是地球继续着旋转，伴随月球做周转圆绕轨道运行。第5个便是在第9月运行的金星。然后是排在第6位的水星，进行80天的太空遨游。

哥白尼的“三重伟大”是什么意思？

哥白尼提出的“三重伟大”是指赫尔墨斯·特利斯墨吉斯忒斯，即埃及神托特的希腊名字。人们认为他通过新柏拉图主义挽救了艺术和一些秘密知识。

哥白尼的结论主要基于数学，他充分利用简易的长期性价值和原理，即自然总是以简单的方式运行的。有反对的观点认为物体会从运行的地球上飞脱出去，而哥白尼的回答是，一个运动着的天空，正因为它如此巨大，它将会比其他物体移动得更快，产生更大的破坏性。

▶ 哥白尼的新理论是纯粹的科学吗？

不是的，因为哥白尼的天文学观点中存在神秘主义。请参看摘自《天体运行论》(*De Revolutionibus Orbium Coelestium Libri Ⅳ*)中的两段文字。

> 最后我们把太阳作为宇宙的中心。事物的系统排列性和整个宇宙的和谐暗示着太阳是宇宙的中心，正如他们所说“睁开双眼”，我们要面对这样的事实。

以及：

> 太阳是一切事物的中心。因为在这个美丽的殿堂，太阳处于一个能同时照亮整个世界的位置，谁还会把这盏明灯置于其他的或是比此更好的地方呢？人们把太阳称为宇宙的灯笼，这一比喻是再恰当不过的了。“三重伟大”把它看作是能够看得见的神。在索福克勒斯的《伊莱克特拉》(*Electra*)中，太阳被称为全视之眼。太阳仿佛登上了皇帝宝座，它掌管着行星家族，使它们都围绕它旋转。

▶ 其他人分享了哥白尼体系中的神秘主义这一部分吗？

在16世纪末期，吉奥达诺·布鲁诺(Giodano Bruno)在西班牙宗教法庭上被处以火刑，焚烧致死。他发展了神秘哥白尼主义。图玛索·康帕内拉(Tommoso Campanella)以布鲁诺的乌托邦观点为基础，描述了太阳城(City of the Sun)，并阐述了科学和占星术之间的结合对人类有很大帮助。

哥白尼学说经得起时间的考验吗?

哥白尼学说认为地球和其他行星都围绕太阳旋转,这一学说至今仍是被广泛接受的事实。虽然起初亚里士多德学派和保守主义神学家认为哥白尼学说极不寻常,但是教皇权威对科学也产生了深厚的兴趣,并认识到了哥白尼学说的解释力量。他们找到日心说的忠诚支持者伽利略,要求他调和哥白尼的学说,使之不再与宗教相冲突。

伽利略是什么人物?

伽利略·伽利莱是意大利的自然哲学家、物理学家和天文学家。他在《关于两主世界体系的对话》(*Dialogue Concerning the Two Chief World Systems*)中捍卫哥白尼的体系,其中包括一系列反对亚里士多德天文学的辩论。最显著的表述是天空和地球有同样的运行方式,没有必要假设目的论——或称目标论——的天体运行系统。也就是说,没有必要如亚里士多德所为,去宣扬天体的运行是天体努力而为之的结果。

教会对伽利略学说的反应如何?

至今仍很著名的一部法令描述道,宗教法庭命令伽利略公开宣布放弃他的理论,并且在他生命的最后十年将他监禁于家中。在那之前,教会主教贝拉明花了几年时间努力劝说伽利略妥协。只要哥白尼学说承认其描述的事情不是真理,天主教就不反对。主教对伽利略的一个朋友说,如果伽利略愿意宣称哥白尼学说不过就是“保全表面”,那么就是可接受的;也即是说,只为天文学观察提供一个能够进行逻辑推导的假设,而不宣扬地球是运动的这一事实。虽然开始的时候伽利略拒绝否认哥白尼学说是对真实天象的描述,但最后他还是被迫这么做了。

伽利略的贡献不仅仅在于对哥白尼科学和哲学的捍卫,是吗?

是的。伽利略在原有的现代力学基础上,提出了重力定律和加速度。他还独立发现了力原理,并创立了抛物线原理,通过设定运行抛物线弧线来计算发射

1983年，伽利略的头像被绘在意大利钞票上，他也是一位颠覆了天主教会关于地球在宇宙中的位置的科学家。（图片来源：iStock图像）

物轨迹。他的发明在科学技术领域的应用包括空气测温器、提水机器以及用于几何学和弹道学计算的一种类似电脑的东西。在纯科学中他发现了钟摆的等时性（等长的钟摆振幅阶段是固定不变的），他还发明了比重器（在水和空气中能准确称出物体重量的精密仪器）。他借助单筒望远镜发现了木星卫星，证实了月球上存在山脉和太阳黑子；他也更加详尽地描述了银河系。他认为在太阳天体上存在"瑕疵"，即我们所说的"太阳黑子"。

在哲学方面，伽利略坚持以完全的自然主义原因来观察这个世界，但是依据"推论"，他并不反对假设间接的或观察不到的因素。他的分析方法包括拆分结果，然后以一种新的方式把这些以理论方式组合在一起，再观察是否与假设的原因相符合。在假设推论形式的范围内，令人惊讶的是伽利略虽然宣称哥白尼体系仅仅是假说，但是他并不愿意迁就教会。伽利略在支持科学研究者的过程中，认为《圣经》不应该只由受过教育的人进行字面上的解释，这就使得教会官员更为气愤。

约翰内斯·开普勒的影响

▶ 约翰内斯·开普勒和第谷·布拉赫是如何帮助完成了哥白尼革命？

约翰内斯·开普勒提供了哥白尼体系的数学精确理论，第谷·布拉赫（Tycho Brahe）完成了测量，并为哥白尼理论体系提供了真实数据。开普勒的理论工作完善了哥白尼体系。他提出关于行星距离的解释，并假设太阳中心的驱动力，缩短了距离，为行星运动的原因提供了依据。

▶ 约翰内斯·开普勒的事业如何发展？

开普勒在奥地利格拉茨大学担任数学老师时，钻研天文学，并准备成为一名路德会神职人员。那时数学既包括天文学也包括占星术。1596年，他在研究哥白尼体系的基础上，发表了《宇宙的神秘》（*Mysterium Cosmographium*），这是第一本全面介绍天文学的著作。

第谷·布拉赫通过测算距离来帮助完善哥白尼学说，他为日心说的模型的建立作出贡献。（图片来源：艺术文献库）

在那个时候，天主教控制着格拉茨地区，而开普勒是一名新教徒，因此他不得不逃出这片天主教管辖的领地。他去了布拉格，在那里，著名的天文学家第谷·布拉赫有一座天文台。开普勒组成了观测防御小组以反对尼古拉斯·乌索斯（Nicolaus Ursus），把他当作“微小的假设”一样来进行抨击。开普勒认为，不论是选择托勒密体系或者是哥白尼体系，都有必要作出独立的物理解释。开普勒使用第谷的观察数据，随后便开始了关于火星运行轨道的研究工作。第谷去世后，开普勒作为皇家数学老师，完成了第谷研究的所有数据整理，开普勒在1609年发表了《基于因果或天空物理学的新天文学》（*A New Astronomy Based on Causesor Physics of the Sky*）。

不久，开普勒离开了布拉格，离开的原因和他当年离开格拉茨一样。他去了奥地利林茨，在那里他研究音乐、神学和哲学以及数学（包括天文学）。在1612年的著作《哥白尼天文学概要》（*Epitome Astronomiae Copericanae*）一书中，他再次强调了因果解释以及观察预测在天体运行研究中的重要性。1618年发表的《宇宙和谐论》（*Harmonia Mundi*）一书包含开普勒思想的最后阐释。他在书中写道：“对于一个读者来说，可能需要等待一个世纪，但对于上帝自己来说，他不得不为这一智慧而等待6 000年。”开普勒并不是最后一位相信自己了解上帝的伟大天文学家。在艾萨克·牛顿的作品中也体现了相似的意思。

▶ 开普勒因为什么而著名？

对于观察到的天体运动，不管是规则的还是不规则的，应该寻找其原因。基于这样的原理，约翰内斯·开普勒假设行星和太阳之间有种作用力，就是这种力能驱使行星运动。艾萨克·牛顿向世人展示了惯性使行星运动的原理，从而代替开普勒所谓的驱动力。开普勒最著名的发现，是行星围绕太阳运行的轨道并不是正圆形的，而是椭圆形的。

弗朗西斯·培根和科学革命

弗朗西斯·培根为科学革命作出了什么贡献？

弗朗西斯·培根综合经验科学的研究方法，并提出一个程序，让科学使人类生活变得更好。他提出“知识就是力量”的口号，探索出一种在人们生活中以实践的方式深入发展和应用新科学的方法。他认为人类需要了解自然，并要通过经验来探索“她”的秘密——20世纪才盛行女权主义，培根是用女性的性别来指代自然。因为在科学领域，占统治地位的还是男性科学家。

弗朗西斯·培根相信科学能极大地帮助人类改善生活条件。（图片来源：iStock图像）

弗朗西斯·培根的研究《新工具》中著名的新逻辑推理和4种谬论是什么？

在弗朗西斯·培根的著作《新亚特兰蒂斯》（*New Atlantis*）中，他描述了科学研究的社会性结构。在《新工具》（*Nuvum Organum*）一书中，他提出一种新的归纳逻辑，取代了亚里士多德的逻辑学和事实的简单集合。其目的是发现关于自然各个方面的真实自然规律和可靠的归纳概括。

培根因为提出了妨碍人们获得知识的四种谬论而著名。第一个是种族或人类思想的自然倾向谬论，比如探寻和读懂人类在处理自然事物和事件过程中体现出的真正的目的、人类的欲望和需要。第二个是屈服和让步谬论或由于人类受教育程度、社会背景、交际和权威所引发的个性气质特质或偏见。第三种就是市场谬论，或指当词汇本身并不代表现实存在的任何事物时，词汇的意义被人们想当然。最后一种就是剧场谬论，是指被广泛接受的理论给人们带来的影响。

▶ 根据培根的思想，一旦这些谬论消除了，我们该做些什么呢？

一旦我们的思想从谬论中清醒，那么通过试验将会发现事物的因果。弗朗西斯·培根认为依据固定的规律，自然界的一切都是由躯体和物质组成的。这些规律便是物质存在的形式。探索原因的过程中，我们首先要探寻的是一些事物从哪些方面来追寻另一些事物的规律（比如，粒子的运动产生了热量）。下一步，我们要探寻这样的案例，当不存在原因时，便不会引发结果（没有热，便没有粒子的运动）。当我们的研究达到一定程度时，我们必须要计算出变化情况。一旦有可能，我们应该发明一些仪器来测量所调查到的情况（如果这样的话，可以使用一些仪器，例如温度计和气压计仪器）。

▶ 培根的影响有哪些？

弗朗西斯·培根认为原因解释是新科学研究方法的基本原理，这个观点在当时被人们普遍接受。在19世纪，经验哲学家约翰·斯图亚特·密尔重申了在那个时代原因解释作为科学调查基础的地位。培根和其他科学家的志向抱负在英国皇家学会得到了施展。培根的研究方法原理，结合了开普勒的椭圆天体运行轨道，并以艾萨克·牛顿所收集的基础结构和宇宙运动规律的科学体系为基础。牛顿的著作引领了那个时代的科学研究，一直到20世纪初期阿尔伯特·爱因斯坦理论的出现。

▶ 培根的生活也像他的思想那样直接和清楚吗？

不是的。弗朗西斯·培根的生活非常复杂，他参与了当时一些活跃的政治事件，他雄心壮志，但仕途迂回曲折。他生于伦敦，并成长为一名绅士。他的父亲尼古拉斯·培根是女王伊丽莎白一世的掌玺大臣。弗朗西斯12岁时，被送入牛津大学和剑桥大学深造，在此他结识了女王。

1579年，培根的父亲突然病逝，这就妨碍了弗朗西斯·培根所预期继承的大量遗产，这使他开始陷入了贫困潦倒的生活。不久后，他开始攻读法律，在1584年和1586年成为英国议会的议员。他主张处死苏格兰的玛丽女王，她是伊丽莎白王位的天主教竞争者。此后他结识了伊丽莎白女王最喜欢的艾塞克斯伯爵二世罗伯特·德弗罗，他后来成为培根的主要资助者。

虽然艾塞克斯伯爵在经济上帮助他，但是培根还是申请连任高官要职。他于1596年获得了女王律师的职位，但是没有工资。1586年，他因欠债而被逮捕。培根还积极地调查他的朋友兼资助人叛国罪案件，艾塞克斯伯爵在1601年被判处死刑。在培根45岁的时候，与爱丽丝·巴纳姆（Alice Barnham）结婚，爱丽丝当年14岁，其父亲是市参议员，与他关系良好。

詹姆士成为国王以后，培根被封为爵士。他忠心地为国王效劳，先后晋升为初级律师和首席律师，并于1618年被封为财政大臣。然而在这期间，他再次陷入债务危机，被国会指控贪污受贿，使他蒙羞。退休以后，他仍然继续学习。60岁时，他的占星师和共济会的朋友为他举行了宴会。著名诗人本·琼森（Ben Jonson）也参加了这场宴会并说道：“我热爱这个男人，比起任何事物，我们应该祝他一直保持记忆力。”

1626年培根与国王的医生一起在伦敦踏雪旅行的时候，他获知了如何用雪来保存鲜肉。他们立即买来了家禽，宰杀后，培根用雪填充将其保存。后来他患上了肺炎，希望食用了这只鸟以后能恢复体力，尽管如此最后还是过世了。

英国皇家学会是怎样形成的?

英国皇家学会是从无形学院中成长起来的，这个无形学院是受弗朗西斯·培根的作品《新亚特兰蒂斯》启发而建的。

▶ 弗朗西斯·培根的作品《新亚特兰蒂斯》是关于什么方面的?

弗朗西斯·培根的作品《新亚特兰蒂斯》发表于1626年,至1670年印刷了10版。这本著作被描述为“所罗门之家”(The House of Solomon),这是试验和观察自然科学的实验研究室:研究项目包括热力、光、零下温度、药物、矿产、天气、飞行器、天文学、动物和农业。36位研究人员和助理们从事科学探索发现。学者们研读了过去有关科学研究和发明的著作。用3个“自然解释程序”估算所有相关信息,从而创立了公理和原理。

▶ 其他人对深入研究弗朗西斯·培根思想起到了什么作用?

塞缪尔·哈特利布(Samuel Hartlib)是一个对科学感兴趣的富有商人,他的作品《麦克瑞尔国王的描述》(*Description of the Fameous Kingdom of Macaria*)一书所讲述的是由培根著作的《新亚特兰蒂斯》所激发的实践学习中心。哈特利布的朋友威廉·佩蒂(William Petty)是现代经济学的奠基者,他预想开设一个教授人们实践贸易的中心,他首先向罗伯特·波义耳提出了这个建议。伊丽莎白一世的财政代理人于1589年在格雷沙姆大学教授贸易课程,为威廉·佩蒂的计划提供了理论先例。在那里,教授们向学者、贵族、商人和专业人士传授法律、物理、辩论、神学、音乐、几何学和天文学的专业知识。

▶ 什么是无形学院?

1645年,罗伯特·波义耳同其他年轻科学家们每周共聚午餐,来探讨时下关于英国和欧洲的科学研究新闻。他们把自己的讨论称为“无形学院”。他们探讨哥白尼学说理论,威廉·哈维(William Harvey)的血液循环证据,水银气压计实验,磁力研究。英国国王查理一世被斩首后,这个研究小组成员和成员的朋友们在牛津大学设立学术研究基地,组成了牛津大学哲学协会。克里斯多弗·雷恩(Christopher Wren)于1660年在格雷沙姆大学教授天文学课程,计划组成一个“提供物理和数学学习”的学院。查理二世在一个星期内应允了他们的计划。最初有115名成员。其中1/3是科学家,首任主席是当时著名的数学家布朗克勋爵（Lord Brouncker）。对于英国皇家学会来说，这一做法提高了他们对自然知识的认识。在1662年7月15日的会议开幕式典礼上，国王查理二世授予该学院一个银权杖。至今英国仍保留着这个银权杖，它成为科学知识学术独立的象征。

罗伯特·波义耳是一位著名科学家，他发现了体积、压强、气体三者之间的关系定律，并以他的名字命名。同时他也是一位发明家、神学家和哲学家，是“无形学院”的成员之一。（图片来源：艺术文献库）

科学家们怀揣怎样的理想促使了皇家学会的形成？

在驳回了亚里士多德学派关于科学的设想之后，皇家学会的成员们开始探寻什么是所谓的“可能性真理”。他们的目标包括形成开明的态度、良好的合作和优秀的同事。了解自己不知道的事情和宣称自己做过的事情是同样重要的。托马斯·斯普瑞特（Thomas Sprat）在1667年的作品《皇家学会的历史》（*History of the Royal Society*）中描述了一位大师的美德：自然哲学家从道德结束的地方开始。一个人要从事一项事业，首先有必要先了解自己，保持良好的行为，同时应该是谦逊、谦恭、友善的大师，应该渴望寻求知识，也能对他人作出正确的判断。我斗胆地说，他是一个淳朴、勤劳的人，他更有可能成为一名好的哲学家，而不是那些既无法合作、也无法容忍不同意见的高智商、严肃的、无礼的智者……这样的人，与那些胆大傲慢的主张者相比，他们的思想显得如此轻柔、顺应、依从、强大。这些主张者们，他们没有障碍，他们或许会学会：总是时刻准备着对所观察的现象作出回应，并进行交流；不能蔑视别人辛勤劳动的成果；因为看到人类由于他们有所收益而欣喜。

▶ 罗伯特·波义耳是谁?

罗伯特·波义耳是英国最富有的科克伯爵(Earl of Cork)的第14个孩子。作为现代化学的奠基人,波义耳把他毕生的精力都投入到科学调查和方法研究上。他很受英国王室的欢迎,同时也是皇家学会的成员之一。但由于他不愿意“宣誓”,因此他没有获得伊顿公学的院长职位。他42岁的时候,受到政治上的打击,退休回到伦敦蓓尔美尔街的家中,继续维持他的个人实验室。波义耳的目标是仅仅用物质和运动来进行解释,从而取代亚里士多德的力学。他也是新原子论或“微粒子论”的拥护者。波义耳的著作有《新试验》(*New Experiments*)、《关于空气弹性及其影响的物理力学》(*Physico—Mechanical Touching the Spring of the Air and Its effects*)、《怀疑派化学家》(*Skeptical Chemist*),以及《色彩的试验历史》(*The Experimental History of Colors*)。他还著有宗教小说《美丽纯洁的爱》(*Seraphic Love*)。

▶ 罗伯特·波义耳的科学受到谁的影响?

皮埃尔·伽桑狄和沃尔特·查尔顿(Walter Charlton)对波义耳有着深远的影响。1656年,查尔顿通过《论原子假说》(*A Fabrick of Science Natural, upon the Hypothesis of Atoms*)一书,把伽桑狄的思想带到了英国。该书的原子论假说,由伊壁鸠鲁提出,佩特鲁斯·伽桑狄修订,沃尔特·查尔顿增补。查尔顿修正了伽桑狄的灵魂是由物质原子组成的这一观点。该观点认为灵魂是物质的东西,这与神学家和神职人员的信念相冲突。

▶ 罗伯特·波义耳的原子论是什么?

波义耳认为,世界上在物理、化学、生物等领域研究的一切事物以及对气体和液体的研究等,都是由原子组成的。因为可以用原子来解释和预测我们所能观察到的事物,这些事物的存在是有科学依据的,并不是纯粹怀疑论的结果。伽桑狄认为可以推迟对原子是否存在的判断,但是波义耳却声称通过转换的方法证实了原子的存在。

什么是波义耳转换法?

波义耳指出我们的感觉是有限的,因为有些事物要通过望远镜和显微镜才能观察到。他认为通过类比法能够扩大对知识的感官性。把原子和微粒子类比为我们所能感觉到的东西,这样人们就能够理解了。原子和我们所能感知到的物体一样,具有它们自己的运动准则。波义耳经过实验研究证实了原子的存在,并做了相关的调查报告,证实他对于气体、固体和热量的预测属实。

英国皇家学会进行了哪些有趣的实验?

前英国喜剧团体"巨蟒"在皇家学会引导下进行了早期的实验调查,本可以大获成功。国王查理二世对实验非常感兴趣,他喜欢拿一些荒谬的实验开玩笑。在牛津大学的哲学学会威尔金斯的个人收藏品中,有透明的蜂房,还有透过一个隐蔽的管道"说话"空洞的雕像。约翰·威尔金斯(John Wilkins)是皇家学会秘书,他在《数学奇观》(*Mathematical Marvels*)中讨论"自然事物具有令人钦佩的能力"。

人们认为罗伯特·波义耳十分古怪,因为他为自己医治病症,而且还爱好收集医疗处方。皇家学会建立时,炼金术已经不是寻求怎样将普通的金属转变成黄金,而是转为研究如何使用新的发明方法来延长人类的寿命。尽管如此,1689年,波义耳还是成功地使得亨利四世废除了禁止"增加黄金"的法律条款。

玛格丽特·卡文迪什(Margaret Cavendish),是泰恩河上的纽卡斯尔的女公爵,于1667年获准拜访皇家学会。人们向她展示了涉及颜色、冷液体的混合、用硫酸油溶解肉、称量空气的重量、压平大理石、磁力以及"优秀显微镜"等内容的一系列实验。结果女公爵在她的日记中写道,新科学对于解决社会和宗教问题是没有用的。

▶ 波义耳的唯物主义论意味着他是一位无神论者吗?

不是的。波义耳并不是无神论者。他是一个非常虔诚的新教徒,他详尽地描述了如何将科学和宗教相融合。他发表的主要作品是《基督教大师》(*The Christian Virtuoso*)和《论自然物的最终原因》(*A Disquisition about the Final Causes of Natural Things*)。然而,在他的论文中认为在日常的工作中,科学家应该只考虑粒子的第一性。他的意思是,科学家和普通的其他人不一样,不能只关注颜色、声音、质地和气味。

▶ 什么是第一性和第二性?

第一性和第二性在科学上的差别证明了随后发展的哲学的重要性。第一性是指尺寸、形状、质量、运动和数量。第二性是指颜色、质地、声音和气味。原子的第一性导致人们能感知到由原子组成的物体的第二性。也就是说,我们所感知到的世界是由第二性组成的,这就使物体中的原子和我们感官器官中的原子之间形成了相互作用,第二性准确地说就是感官感觉得到的那些性质,诸如构成日常经验的颜色、声音、质地和气味等。但是"真正"的世界是由原子组成的。

▶ 艾萨克·牛顿是谁?

艾萨克·牛顿是西方历史上著名的科学家和自然哲学家。亚历山大·蒲柏(Alexander Pope)为他写下墓志铭:

> 自然和自然规律隐藏在人们的视线里。
> 上帝说:"让牛顿来吧!"于是一片光明。

牛顿对哥白尼理论、开普勒和第谷·布拉赫的发明和伽利略的发现进行了系统有条理的整理。他结合了可以理解的宇宙哲学体系中陆地和天空的力学,从而支持着未来历时300年的深入研究。他关于宇宙的科学观点包括基督教上帝的位置,这在那个时代是备受推崇的。牛顿等式仍然用于计算位于接近地球表面的中间层级的中等大小物体的运动（牛顿理论不适用于亚原子的粒子研究和计算光年）。

▶ 牛顿在事业上有哪些成就?

牛顿在英国林肯郡出生，就读于剑桥大学，1665年毕业获得文学学士学位。1665—1667年，由于发生了灾难，剑桥大学被迫关闭，牛顿就在家里独立工作。他发现了二项式定理、微积分原理、光的构成现代原则以及重力定律基础。1669年牛顿担任剑桥大学路卡森数学教授，从1671—1703年担任皇家学会研究员，此后一直担任皇家学会主席。牛顿的“世界体系”，即力学统一理论和机械论物理呈现在《自然哲学的数学原理》（*The Mathematical Principles of Natural Philosophy*）一书中。

艾萨克·牛顿是当时著名的科学家之一。（图片来源：iStock图像）

▶ 艾萨克·牛顿因他的科学发现获得了什么回报?

牛顿的生活相当贫穷，家中没有财产，也没有资助人。1695年，牛顿终于获得了英国皇家铸币所监督这个美差。他用专业知识掌管着重铸货币的繁杂工程，效仿170年前的哥白尼在波兰铸币的经验（重铸货币包括流通中的所有货币和新货币进行交换）。

与哥白尼一样，他也从格勒善法则中受益（劣质的货币会将优质货币排挤出流通领域），牛顿知道劣质货币的存在意味着人们要把优质货币贮藏起来。在当时这是一个十分严重的经济问题，因为英国是一个以钞票为经济基础的国家，经济交易依靠流通中的自然货币和银质硬币。牛顿的重铸货币需要收回所有不再流通的银币，降低金属的价值（沿着钱币圆周割下一部分），再重新铸造粉碎的硬币，这样硬币的质量就不会削减了。牛顿主张对钱币的伪造者应该被处以绞刑！

牛顿的科学系统包括哪些主要因素？这些因素与上帝有何关系？

牛顿使用欧几里得几何学，证实了描述世界系统的数学公理。依据运动三定律，他认为世界是由固体微粒组成的物质所构成的，这些微粒或者静止不动，或者依据三大运动定律而运动。牛顿在三大定律之前还加上了注释，阐述了他的整个体系的条件，这包括：绝对时间、绝对空间、绝对地点和绝对运动。

对于牛顿来说，宇宙本身就像一个从没有移动的大箱子。这些绝对与爱因斯坦的相对论形成了鲜明对比。按照牛顿的说法，上帝在他的系统中以多种方式扮演了积极的角色：上帝是整个天体系统的起因；上帝创造了绝对的空间和时间；上帝修正了行星和彗星的不规律运行，否则整个宇宙的和谐便会被削弱。也就是说，牛顿认为在自然界之外不仅存在着上帝这个无形的、超常的灵魂，同时上帝也是物质宇宙里真实、实际的统治者和控制者。他写道：“世

牛顿定律是什么？

牛顿因其著名的运动三定律和万有引力定律而著名，定律内容如下：

1. 宇宙中的任何物体总保持静止状态或匀速直线运动状态，直到有外力作用在该物体上迫使它改变原有状态为止。这就是惯性定律。

2. 物体的加速度跟物体所受的合外力成正比，跟物体的质量成反比，加速度的方向跟合外力的方向相同。力=质量×加速度，即力等于质量和加速度的乘积。

3. 每个动作都存在反作用力。作用力和反作用力大小相等，方向相反。

牛顿的万有引力定律阐述了这样一条定律：宇宙中物体的每一个粒子都以不同方向的力吸引着其他物质的粒子，引力的大小与两物体的质量的乘积成正比，与两物体间距离的平方成反比。

界上诸多事物都与上帝息息相关，从事物的表面现象到人们的言论，当然这都属于自然哲学（这就是在宗教时代的宗教科学）。”

牛顿系统是怎样得出来的？

牛顿定律令人敬仰和崇拜。这种反应在一定程度上是因为人们感激他将原子论和哥白尼具有革命性的理论全面地结合在一起。牛顿因其提出的论断始终要忠于论据而著名。他的座右铭就是“我不杜撰假说”。

然而，实际情况并非完全如此。他在“总释”中假设了绝对空间和绝对时间，他还假设力是“超距作用”。他也假设了上帝的存在。但是在牛顿是否是经验主义者这个问题上，牛顿的经验主义立场占了上风。例如，他认为当显微镜足够强大时，人们总有一天能够观察到原子的存在。

牛顿的著作几乎立即被翻译成了欧洲的多种语言，并且成为人们了解宇宙的新观点。牛顿的观点还有通俗版本在流传。在18世纪早期，对牛顿理想化的描述广为流传。弗朗西斯科·阿尔加罗蒂（Francesco Algarrotti）于1737年出版了《适合女士的牛顿读本》（*Newton for the Ladies*），该书重新印刷了好几个版本（因为当时的女孩没有接受与男孩同等的教育，人们普遍认为科学知识必须以通俗易懂的方式呈现出来才能为女性所理解）。

牛顿的性格古怪吗？

有相关证据证实牛顿性格古怪，并且不善于与人沟通。他性格古怪主要体现在他对工作采用了保密的态度。直到1669年，他才公开与他人讨论早期研究的成果。至今人们仍然不清楚他何时做过什么，或者哪项记载与其发表的作品相一致。在他获得了剑桥大学数学学院卢卡斯教授职位后，除了一年中有三或四个星期以外，他在剑桥大学的26年时光都致力于研究光学和基础数学。他几乎一直隐居在那里。

牛顿不愿意对外公开他的生活，其中的部分原因是他不喜欢争论，他总是尽可能地顺从。1684年皇家学会任命了一个由艾德蒙·哈雷领导的委员会，提醒牛顿出版《数学原理》（*Principia Mathematica*）。哈雷努力劝说牛顿出版该著作的第三卷，因为第三卷包括牛顿体系的应用。牛顿最初不想发表那部著作，因为他听说罗伯特·胡克（Robert Hooke）声称在他之前就已经发现了同一体系（其实牛顿在1672年把他关于光的分解，或者说是光的成分的发现告诉给皇家学院的时候，罗伯特·胡克和其他人就对牛顿的观点和解释提出了质疑。在胡克去世之前，牛顿一直拒绝讨论这件事，也不发表自己的作品）。最后丝德瑞女士的丈夫文森特先生发表了《数学原理》的手稿。牛顿年少时租住在丝德瑞女士的房子里，显然她是牛顿一生中唯一与他发展浪漫爱情的人。

据传记作者记载，1692—1693年，牛顿出现了严重的心理问题。此前他通过朋友查尔斯·哈利法克斯（Charles Halifax）的帮助，试图争取一个威望高而且薪水也高的政府职位，但并未成功。牛顿给塞缪尔·佩皮斯（Samuel Pepys）写了一封信，说他“卷入了麻烦的漩涡中”，不得不离开佩皮斯和其他的朋友。随后，他又给约翰·洛克写了一封道歉信，为自己曾对约翰·洛克说过“是你让我卷入了与女人争吵的困境”而道歉。洛克很善良，安慰了他。牛顿又道歉说自己过度工作，时常缺少睡眠。事实上，那些牛顿认为自己陷入的困境是没有依据的。

其实牛顿确实陷入过一场争论之中，争论他与莱布尼茨谁最先发现了“流数”理论，即微积分理论。牛顿利用自己担任皇家学会主席一职的机会，对该事件的调查施加影响。尽管调查混淆了牛顿和莱布尼茨关于该问题通信的时间顺序，但最终还是裁定是牛顿首先作出这一发现。

牛顿担任铸币监督之后，就没有深入开展科学工作。他把自然哲学家称为“好争论的女士”和“月球的另一个引力”。他显然是专注于和《圣经》有关的神秘的预言读物和炼丹术理论，但是我们并不清楚他这样做的目的，因为他一直用密码进行记录。当代一些学者认为这些神秘的研究是牛顿的主要兴趣所在。在他成为铸币监督以后不再愿意发表作品，甚至不愿继续进行研究。以前人们认为这是由于牛顿心理上的不稳定造成的，但是现在看来并不是这个原因。

医学和哲学

▶ 医学与哲学历史有什么关系？

医学理论和实践通常和哲学家或是哲学历史没有什么相关性。除了和医学决定的道德层面的认识（比如，人流手术、临终事宜、护理费用）有所联系以外，医生不会去寻求哲学观点，哲学家也不会将医学视为他们研究话题的一部分。直到18世纪，和人类身体息息相关的医学观点和实践才与哲学以几种方式紧密相连。

从古代的柏拉图和亚里士多德时期开始，哲学家就以医学实践的必要知识为例来论述实践知识的本质。比如，对于一个人，医生或许能确定疾病的原因和症状，但是确定一个人有病之后，要采用怎样适合的方式来治疗，这就需要超越证据的判断。这样的判断依赖从过去相似案例里获得的经验，也就是说，了解实践知识是很重要的。亚里士多德说，正是因为医学经验有重要作用，而这种经验并不是准确的科学。因此选择一个年纪大的医生而不是年轻的医生，是十分智慧的。

在亚里士多德时期，人们意识到在前苏格拉底时代医学曾经是哲学的一部分。中世纪刚开始时，尤其是在伊斯兰文化中，许多哲学家都接受过做医生的训练，之后成为他们资助人的医生。在欧洲文艺复兴时期和现代早期这种做法也很流行。医学和哲学的另一个联系是，作为接受过教育的思想家，哲学家总是对于人类的身体和功能有所见解，在那个时代科学方面的发现也来源于该时代的医学观点。根据心理学家及其前辈们的理论，在心理学出现之前，哲学家们也一直对人类的情感和心理过程很感兴趣。

▶ 阿尔克迈翁在医学上有哪些创新？

阿尔克迈翁（Alcmaeon of Croton）就“什么是健康”这一问题给出了新的答案。他解释道：健康就是身体的平衡。这种平衡是指对立面的平衡，但是这种平衡不能绝对地保持下去，所以所有的生命都会终结。

阿尔克迈翁也研究了不同感官的功能性。因为理解事物的过程和星星的交替相似，他认为，灵魂就像星星一样，是永恒的。他认为感觉器官是通过“通道”将信息传递到大脑。当血液流动到大脑的血管时就会让人睡觉，而血液重新向全身流动时人便会醒来。阿尔克迈翁的这些思想，加上他还介绍了一些医学领域独到的原则，彻底改变了医学的实践以及关于人体的系统思想。作为阿尔克迈翁的接班人，希波克拉底将医学创立为独立的一门学科。

医学是什么时候从哲学中分离出来的？

虽然希波克拉底（Hippokrates of Kos）被称为“医学之父”，但是亚里士多德和泰奥弗拉斯托斯（Theophrastus）却认为克罗顿的阿尔克迈翁在公元前6世纪后半叶创立了医学。

希波克拉底有哪些成就和影响？

希波克拉底建立了自己的学校，正式成立了不同于神学（自然魔法）和哲学的医学。他也从父亲和祖父那里学习医学。依据希波克拉底学校所教授的知识，疾病的引发是因为身体里的黑胆、黄胆、血液和黏液这4种体液失去了平衡所导致的。每一种疾病都可能导致危机，其结果可能是死亡，也可能是身体的自然康复。

希波克拉底的医学实践是消极的，因为他相信身体本身经过休养，伤病就会愈合。这种治病疗法是十分温和的，通常使用的是清水、酒或止痛膏。他认为预测病情的进展过程是很重要的。

在他的著作《关于医生》（*On the Physician*）里，希波克拉底着重强调作为医生，整洁的外表和适当行为举止的重要性。对患者做医疗记录也是很重要的，不仅要记录患者本人，也要记录患者的家属和境况。引发疾病的神秘原因也是不容忽视的。希波克拉底去世后，他所提出的医疗原则基本没有进步，一些专业规则，比如病例历史和病情记录记载也不再使用了。

继希波克拉底之后的医学是怎样进展的？

伽林・帕加马（Galen Pergamum）保持了希波克拉底的医学观点，一直到文艺复兴时期也没有较大的变化。因为解剖人类违反罗马法律，所以伽林通过解剖猪和大猩猩来增加医学方面的知识。当他在角斗士学校作为医生工作时，他学习如何治愈外伤口和创伤。伽林进行了很多手术，包括脑科和眼科手术（清除眼睛白内障手术）。在以后将近2 000年的时间里没有人再次尝试这种手

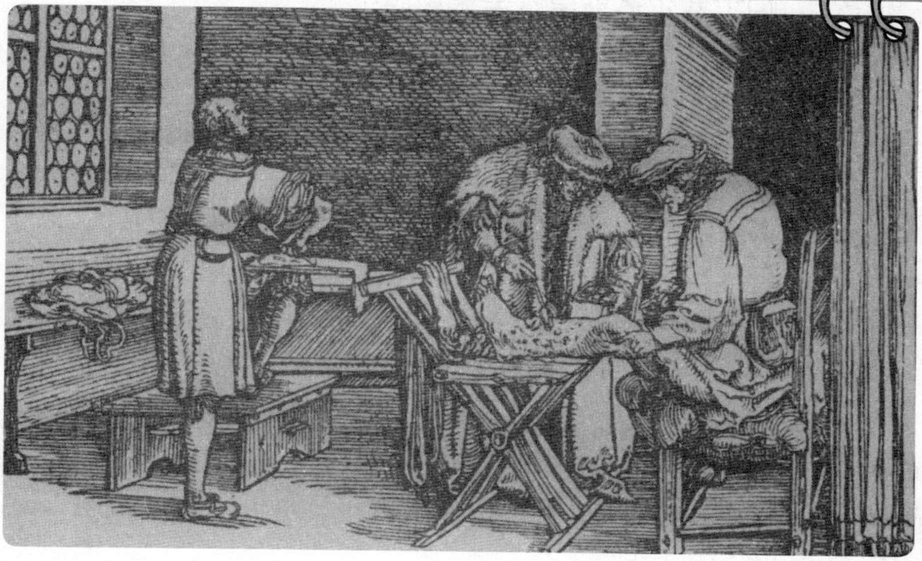
摘自帕拉塞尔苏斯的《大手术》(*The Great Surgery*)一书的插图(图片来源:艺术文献库)

术。最后他成为皇帝马可·奥里利乌斯的医生。在19世纪,伽林的著作由伊本·伊沙克(Hunayn ibn Isahaq)翻译成阿拉伯语。然而阿拉伯人很少进行手术。在基督教徒中,关于手术的知识和调查也很早就被废除了。伽林一直很受人们尊重,直到文艺复兴时期,如果当时的解剖与他的叙述相悖时,人们都觉得这是反常的。他用放血术来治疗各种疾病的方法一直延续到19世纪。

帕拉塞尔苏斯是什么人物?

帕拉塞尔苏斯(Paracelsus)是泰奥弗拉斯托斯·冯·霍恩海姆的笔名。他的父亲是一名瑞士医生。帕拉塞尔苏斯15岁以后到世界各地旅行,并在德国和奥地利学习医学。后来,他还去了欧洲,把他学到的手术和医学知识结合在了一起。手术的地位在当时低于医学,手术对于任何医生来说是一个极大的冒险。

帕拉塞尔苏斯成功治愈了著名印刷者费罗贝纽斯之后,在1516年成为巴塞尔大学的一名医学讲师。他的教学与阿维森纳和伽林相冲突,因此1528年他被迫重新开始了他的旅行生活。

帕拉塞尔苏斯是炼金术家吗?

是的。帕拉塞尔苏斯是一位炼金术士。他脱离了把炼金知识当作秘密的传统做法。中世纪时期，人们借用闪族、希腊和罗马神话赋予炼金术一些象征意义，借此来隐藏炼金术士真实目的。帕拉塞尔苏斯破除了这些象征意义。

帕拉塞尔苏斯介绍的几种医学革新对人类影响深远：化学尿液分析法、消化能力的生物化学理论、伤口消毒法、使用鸦片止痛、使用水银治愈梅毒等。他的书籍主要是关于人类本性和人类在宇宙中的位置等问题，同时也出版了一些作品介绍治疗梅毒的方法。

什么是炼金术?

拉丁语中炼金术的意思是“分离和结合”。炼金术遍及19世纪的基督徒、穆斯林和犹太人聚集地区。传统意义上来讲，炼金术的核心是探索将基本金属转化为黄金的方法。其次就是寻找生命的灵丹妙药，这种药可以治愈所有的疾病，也能永生。中世纪的炼金术探寻哲学的基石，他们相信哲学有助于完成这些任务。他们还研究了一种万能溶剂。有一种万能溶剂是乙醇溶液浓缩液：乙基酒精。

同时期的人如何看待炼金术家?

炼金术士受到当时传统思想者和神学家的质疑，但是他们仍然持续不断地用金属和植物一类的东西做试验，结果发现了硝皮法、染色法、冶金法和其他的“培根哲学科学”。占星家（或者称智者、方士、术士）的图解都同炼金术相关。

现代化的化学科学有早期炼金术试验的根基，有些人认为这就是19世纪以前高层次学习中的科学课程不接受化学的主要原因。

支撑炼金术研究的理论是新柏拉图派哲学。它的主要原则是“如其在上，如其在下”，意思是人类是宇宙的微观世界。此外，他们认为时间是循环的，宇宙与神的精神同在。

帕拉塞尔苏斯为炼金术作了什么贡献？

帕拉塞尔苏斯和大部分的炼金术家一样，具有新柏拉图派信念：衰败是所有新生的开始；从基本原理中分离出来的最初物质是“非实体物质”，人类的创造性重复着这个过程；时间是力和生长的循环组合；上面和下面，或者说是天空和大地，都是以相同的形式存在的。

然而，帕拉塞尔苏斯以化学的方式取代了“情绪”理论：咸、甜、苦、酸和第五种元素——生命。他的术语自然，指的是化学性质的平衡，超自然指代的是思想的平衡。与他的同事不同，帕拉塞尔苏斯认为出现愚蠢行为的原因，并不是反复呈现的和妖魔苟且的魔鬼和梦魇所致。他认为思想本身就可能通过催眠的状态、魔术或邪恶的欲望，在身体或思想中出现疾病状况。他认为大部分疾病是可以治愈的，但却没有医生可以违背上帝的意愿。

由于帕拉塞尔苏斯支持新柏拉图学派关于首要物质的看法，并坚持认为疾病不是祸害的想法，所以人们指责他的思想是异端邪说（首要物质否认上帝创造万物的观点；认为疾病不是祸害的观点使魔鬼没有藏身之处）。但是当他去世后，他的出生地却成为罗马天主教的圣地。

科学革命时期在医学方面有什么显著进步？

在科学革命期间，威廉·哈维正确描述并展示了血液循环系统。罗伯特·伯顿（Robert Burton）描述了心理抑郁症的性质。哈维的成就是将人类身体内部理解为一个有序的机械系统；伯顿的成就是改变了对精神疾病的认识，认为这与教会没有任何关联，是一个平凡的过程。这些成就有很高的实践价值，也为科学研究者和公众带来了回报。

威廉·哈维是怎样发现封闭循环系统的？

威廉·哈维在剑桥大学受教育，在意大利帕多瓦做研究，哥白尼也曾在那

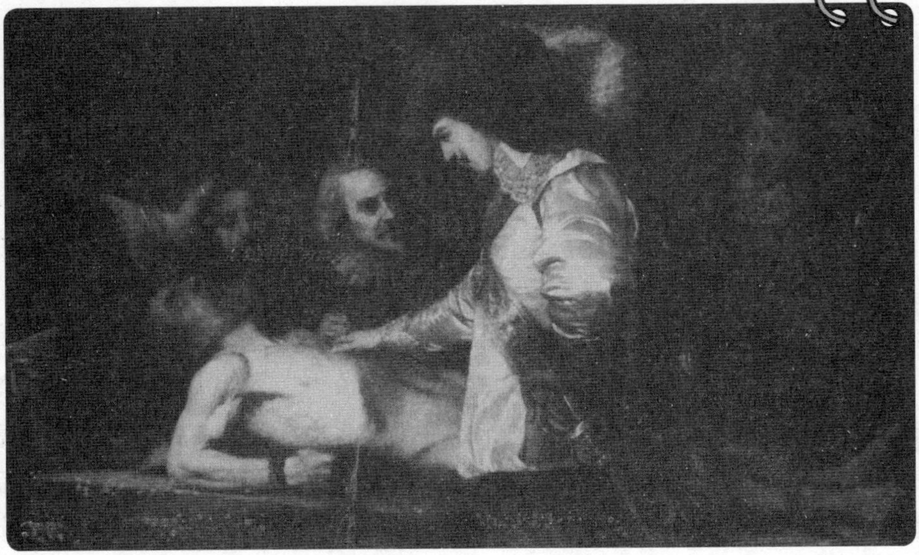

在一幅17世纪的图画中，威廉·哈维正在展示血液是怎样循环的。（图片来源：艺术文献库）

学习。他的继父是伦敦著名的医生，哈维也成为巴多罗马医院的一名医生，并且担任医学皇家大学的研究员。伊本·纳菲斯（Ibn Al-Nafis）和米格尔·塞尔维特（Michael Servetus）描述了早期肺循环，但是当哈维开始他的研究的时候，塞维图斯的作品已经遗失。

西罗尼姆斯·法布里休斯（Hieronymus Fabricius）是哈维在帕多瓦大学的老师，他发现了静脉的研究价值，但是哈维对他的解释并不满意，他探索了涵盖面更广的、有关血液在身体里如何移动的理论。哈维于1628年在他的《动物的心脏和血液运动解剖演练》（*Exercitation Anatomica de Motus Cordis et Sanguinis in Animalibus*）中提出，在一个封闭的系统中，心脏跳动将血液输送到全身。伽林认为静脉血液来源于肝脏，动脉血液来自心脏，动脉将血液输送到身体的各个部分。

哈维做了解剖动物实验过程中的观察记录，测定血液流经心脏的数量，并计算心脏跳动的节奏数。他依据心脏的尺寸大小，估算每日心脏跳动时的血液量。他假设了两条血液循环线路——一条通过肺，另一条通过其他的重要器官——他正确描述了静脉瓣膜将血液输送到心脏的作用。哈维同时也是詹姆斯一世和查理一世的私人医生。这就为他提供了可以解剖皇家公园里小鹿的机会，他在解剖小鹿时进行试验和演示。一位子爵的胸腔受伤了，胸腔上有一个洞，伤口用金属的盘子覆盖，哈维也因此观察到了人类心脏收缩跳动的情况。但是他不能观察到毛细血管，也未能得知血液是如何从动脉流到静脉的。

人们对伯顿的《忧郁的解析》有何反应？

伯顿用“小德谟克利特”（Democritus Junior）为笔名撰写了《忧郁的解析》（*The Anatomy of Melancholy*）。这本书为人们广泛接受。文学历史学家和批判学家托马斯·沃顿（Thomas Warton）写道：“这位作家学识的多样性，他摘自那些不寻常的奇异书籍的语句，他粗犷、不修边幅，他的智慧和优雅以及他的卖弄……让这本著作既有趣又含有丰富的信息。”伯顿的作品确实充满了讽刺，并且具有极为丰富的历史和文学知识。

然而，伯顿《忧郁的解析》的最伟大之处在于他尝试从自然的角度去解读思想，思想既区别于身体，又与身体紧密相连系。伯顿关于人类认知和精神的理论是以他对于精神的理解为基础的，他认为通过精神，思想的全部功能和器官才与身体不同部分密切联系在一起。虽然按照现代的标准来看，伯顿的思想错误而且过于刻板，但伯顿研究思想和身体的关联性的理论直到今天还是身心和心脑实证研究的基石。

罗伯特·伯顿如何将科学方法应用到他的思想中的？

罗伯特·伯顿在牛津大学度过了一生中的大部分时光。在那里，他是圣托马斯教堂的教区牧师。随后他被任命为英国莱斯特郡的教区长。他是一位对占星术十分感兴趣的数学家，性格友善开朗。然而，他的一生遭遇了许多不幸——“我的心脏感觉很沉重，有一个脓肿在我的头颅里孵化，我多么渴望能将它们清除”。在《忧郁的解析》的序言中，他把工作解释为治疗的方法：“我写着忧郁，却又忙着避免忧郁。忧郁最大的原因莫过于闲散，治疗忧郁最好的办法就是忙碌。”

五 早期现代哲学

什么是早期现代哲学？

早期现代哲学主要指17世纪的一些人类思维活动，与16世纪晚期和18世纪早期的人类思维活动有一些重叠。早期现代哲学的现代性在于这一阶段的哲学开始关注认识论，即人类知识的本质及其实证，当时的科学革命被人们看作是理所当然的事情。在这一阶段，人们重新把合乎逻辑的辩论和以事实为基础的推理视为哲学研究的必要成分。

然而，称其为“早期”现代哲学，是因为宗教的影响仍然比较大，当时的社会仍然需要哲学家去相信上帝，反对亚里士多德学派并连续作出反击。在强大的国家出现之前，政治环境一直处于不稳定的状态。

主要的早期现代哲学家都有谁？

该阶段的哲学家通常分为理性主义者和经验主义者。勒内·笛卡儿、戈特弗里德·威廉·莱布尼茨、巴鲁赫·斯宾诺莎（Baruch Spinoza）以及尼古拉斯·马勒伯朗士通常被认为是认识论的理性主义者；托马斯·霍布斯和约翰·洛克则是经验主义者。从更广泛的角度来讲，弗朗西斯科·苏亚雷斯（Francisco Suárez）应该是理性主义者，雨果·格劳修斯（Hugo Grotius）属于经验主义者。

▶ 什么是理性主义认识论？

理性主义认识论认为，人类从出生开始脑海中便存在了重要观点或原则，关于世界最重要的真理可以从思想中提炼出来，而不必须具备经验。这些先验真理具有逻辑确定性，也就是说，如果反驳它们就会有逻辑上的矛盾，这需要逻辑上的反驳去否认它们。这些先验真理是绝对确定的，用现在的话来说，它们“在所有可能世界中皆为真”。

17世纪理性主义

弗朗西斯科 · 苏亚雷斯

▶ 弗朗西斯科 · 苏亚雷斯是什么人物？

弗朗西斯科 · 苏亚雷斯是西班牙耶稣教神学哲学家。他主要在西班牙和意大利的萨拉曼卡、罗马和科英布拉教书。他著有《论法律》(*On Law*)、《三位一体》(*On the Trinity*)、《灵魂》(*On the Soul*)。他最著名的作品是他的54篇辩论，或称论文，汇总成著作《形而上学的争论》(*Metaphysical Disputations*)。人们认为这本书影响了17世纪的笛卡儿、莱布尼茨和格劳修斯，以及19世纪的叔本华(Arthur Schopenhauer)。继亚里士多德之后，苏亚雷斯把形而上学按照欧洲传统哲学体系进行了扩展，并不是对亚里士多德学说的直接评述。

▶ 弗朗西斯科 · 苏亚雷斯的形而上学观点是什么？

苏亚雷斯将形而上学定义为对真实存在的研究。这种存在的观点是存在于事物中的相似性的类比。苏亚雷斯坚持认为存在的每一件事物都是一个个体，不能进一步分裂成与其类似的个体。苏亚雷斯关注最普遍的事物种类，这与笛卡儿将世界分为思想和物质的想法产生了共鸣。

勒内·笛卡儿

勒内·笛卡儿是什么人物?

勒内·笛卡儿提出了一系列哲学问题,以此开创了现代哲学时代。这些问题一直持续到今天:思想与物质有什么不同?思想和身体是怎样联系的?他并不是仅仅提出这些思想,而是在做其他事情的过程中自己亲自去体验这些问题。他尽力向刻板的天主教会解释说哲学与宗教是可以兼容共存的。

勒内·笛卡儿是怎样一个人?

这个问题很难回答。用现在的话来讲,人们可能认为笛卡儿是一个胆小、焦虑、自私而不善交际的人。他是17世纪的哲学家,他没有资助人,也没有安定的住所,自己并不富裕。

笛卡儿为了远离喧嚣的巴黎,搬到了荷兰居住,这样他就可以全身心地投入到工作中。他对个人生活持保密的态度。在20年里,每年他都会搬家。但是无论在什么地方,他都会进行实验,有时他从肉店老板那里获取动物器官来做实验。有传闻说他通过研究牛犊的眼睛来研究视力问题。

笛卡儿对特殊的食物和饮食有着极大的兴趣,将其作为延长生命,甚至是获得永生的方法。有时候,他是一个素食主义者(这并不是出于道德原因,因为他认为动物都是机器)。有时候,他认为秘密隐藏于鸡蛋中。他与一个名叫海伦娜·扬斯波特(Helena Jansport)的仆人有一个私生女。

笛卡儿的女儿弗朗辛通常被传记作者描述为私生女。但荷兰东部城市代芬特尔的教堂里有她在1635年接受浸礼的记录。弗朗辛5岁时因患猩红热而夭折,笛卡儿因失去女儿承受了极大的悲痛。据说笛卡儿的座右铭是:“隐秘的生活,才是好的生活。”还有人说他的座右铭是:“我在伪装中前行。”

笛卡儿生活中有哪些故事?

勒内·笛卡儿的父亲是一位小贵族。在笛卡儿13个月大时,他的母亲去世了,后来他父亲再婚,笛卡儿被外祖母抚养长大。10岁时,他被送去法国安茹的弗莱仕耶稣会学院。他在那里学习古典著作、历史、修辞学和亚里士多德自然哲学。虽然他知道弗莱仕耶稣会学院是一个非常优秀的学校,但是他认为在那里所学的自然哲学“值得怀疑”。他有这样的想法主要是因为自然哲学是基于经院哲学的抽象概念,而近代社会有了更多的新发现和新思想,学校教授的自然哲学已经过时了。

笛卡儿在普瓦捷获得了法律学位,并在欧洲的旅行中完善了自身的教育。他决心“只寻求通过自我或是世上的伟大书籍探索出来的知识”。他在军营短暂服役之后,成为艾萨克·比克曼(Issac Beeckman)的好朋友,比克曼是荷兰的哲学家和科学家,一直激励笛卡儿研究数学。

笛卡儿的第一本书是《音乐大全》,他将数学应用到和声以及不和谐音中。笛卡儿也开始研究解析几何学,并在1637年出版了专著。

勒内·笛卡儿的哲学工作是如何展开的?

1619年11月10日,笛卡儿在德国南方小镇的一个像屋子那么大的火炉边度过了漫长时光(在19世纪之前,德国和俄罗斯都制造这种大火炉。这种火炉有架子,有睡觉的地方,还可以站在上面)。笛卡儿做了三个古怪的梦之后开始顿悟,他决定创立新的科学和哲学系统。

他的灵感来源于这样的想法:从对绝对真理的了解开始,经过仔细推理,所有科学的基本原理都可以从中合理地推导出来。

1628年,笛卡儿在巴黎短暂地住了一段时间后搬到了荷兰,在那里度过了余生。

勒内·笛卡儿与宗教法庭有什么问题？

笛卡儿从来没有涉及与宗教法庭相关的直接问题，但是他总是畏惧教堂权威，同时他又想得到教堂权威的支持。他所著的关于宇宙论和物理学的书籍与原子论和哥白尼学说相一致，在准备出版时，他听说宗教法庭对伽利略进行了谴责，便放弃了出版的想法。1637年，笛卡儿出版了《光学、气象学和几何学》（*Optics*，*Meteorology and Geometry*），该书的序言是《探求科学真理的指导法则》（*Discourse on the Method of Rightly Conducting One's Reason and Reaching the Truth in the Science*）。文中笛卡儿发展了"清晰独特的原则"（思想应该是清晰而独特的。如果一个人能确定想法是什么，它就是清晰的。如果某个思想与其他思想不同，那么就是独特的）。

接下来他发表了《第一哲学的沉思》（*Meditations des primapilosophia*），这本书在一定程度上是为了对《方法论》（*The Discourse on Method*）一书遭到的批评进行回复。《方法论》解释了笛卡儿从清晰独特的思想中提炼科学第一原理的新方法。《第一哲学的沉思》发表以后，人们纷纷作出回应或者提出反对意见（包括马兰·梅森、托马斯·霍布斯以及皮埃尔·伽桑狄）。1642年，该书出版了第二版。这本书的观点十分新颖，因为它提出，基于人自身存在的确定性，可以确定物理实在的本质和上帝的存在。

笛卡儿在出版著作之前会与人们进行探讨，这使得他的观点更加完善。由于这些探讨，《第一哲学的沉思》成为最著名哲学作品之一。21世纪，哲学家们对这本书仍然很着迷。

笛卡儿非常担心教皇权威对他的学术进行攻击。朋友们则认为他过度夸大了这些抨击对他个人和专业的危害，但是笛卡儿的个人抱负与对这些批评作出的回应紧密联系在一起。他的思想直击天主教会的核心，天主教使用怀疑主义否认这些与教会教义和《圣经》经文冲突的新的科学发现。笛卡儿希望耶稣基督教能支持他在《第一哲学的沉思》中阐述的观点，并将其作为经文。

在1644年，笛卡儿发表了《哲学原理》（*Principles of Philosophy*）一书，他相信这是能获得天主教支持的杰作。

勒内·笛卡儿与皇家的哪位女性通信？

笛卡儿与波西米亚的伊丽莎白公主（Elisabeth of Bohemia）保持通信，笛卡儿的教义可以用来清晰思想，她对此做法非常感兴趣。他们之间的交流帮助笛卡儿于1669年写下了《心灵的激情》(*The Passions of the Soul*)，这本书讲述了思想的运转方式以及思想与身体相互联系的方式。

在同一年，笛卡儿同意搬到瑞典首都斯德哥尔摩，成为克里斯蒂娜女王(Christina, Queen of Sweden)的家庭教师。她和伊丽莎白公主一样，追寻笛卡儿的思想，也希望能获得见识广泛的知识和良好的教育。法国国王的一小笔补助金已经延期了好几年，因此笛卡儿需要克里斯蒂娜皇后的这笔资金以及皇家赞助的荣誉。他把瑞典称为"熊的岛屿"，为了迎合爱运动的年轻皇后的需要，他早晨5点钟开始给皇后上课。其实笛卡儿是一个习惯晚起的人，他喜欢躺在床上进行思考，到中午才起床。当他在弗莱仕耶稣会学院读书的时候，学院特许他不用早起。笛卡儿的传记作者认为，如果他的作息时间被改变会使他变得虚弱。后来他患了肺炎，不久就去世了。

▶ 伊丽莎白公主是怎样的人？

伊丽莎白公主是笛卡儿的皇室朋友和学生，她思想独立，拥有权力。伊丽莎白是腓特烈五世与伊丽莎白·斯图亚特的大女儿。

考虑到伊丽莎白非同寻常的社会和家庭背景，可以说她对哲学的兴趣非常深厚。1643年，她致信给笛卡儿说：

> 对于我来说，承认物质和灵魂扩展在先，然后才是身体移动能力的发展。如果首先通过发生的"信息"，使精神引导运动将会是明智之举，没有东西与肉体相一致。虽然在形而上学思考中，你展示了第二种可能性，然而还是很难去理解灵魂。灵魂，如你所描述，在拥有了合理的思考习惯和天资之后，将失去所有的幻想，而且，虽然灵魂可以脱离身体而存在，并与身体没有共同之处，却仍然会受它所控制。

在这本著作中，笛卡儿巧妙地引入了灵魂物质性的可能性，这一观点启发了笛卡儿的二元论。任何人，包括笛卡儿本人，都无法圆满地解释不朽的灵魂如何与物质的身体互动交流。伊丽莎白公主通过自己的直觉判断，要想解决这个

伊丽莎白公主对笛卡儿哲学有什么影响？

笛卡儿著有《心灵的激情》(*The Passions of the Soul*)，主要试图回答伊丽莎白公主提出的思想如何与身体交流互动的问题。

在该书中，笛卡儿提出情绪是心灵对干扰产生的反应。他认为意志是灵魂，是非物质的一部分，但在松果腺中存在非常微妙的液体，这种液体可能会受到意志的影响。其结果是心灵可以控制身体的某些部位。

问题，办法之一就是假定灵魂是物质的。

克里斯蒂娜女王是怎样的人？她为什么对笛卡儿的生活如此重要？

与笛卡儿通信的第二个皇家女性和学生是瑞典女王克里斯蒂娜。虽然她的哲学研究能力和之后的历史影响并不大，但是和伊丽莎白公主比起来，她是一个不遵循常规的人。克里斯蒂娜的父亲将她视为王子，她被冠以“克里斯蒂娜王”的称号。在她统治期间，她扩大了贵族的数量，国库花销巨大。贵族最多、花销最大的地区是“新瑞典”(New Sweden)，它是位于美国特拉华州威灵顿附近的殖民地。

1654年，克里斯蒂娜退位，改名为克里斯蒂娜·亚历山德拉(Christina Alexandra)。她这样做是为了转而皈依天主教，在当时的瑞典，这种做法是违法的。克里斯蒂娜首先前往罗马，然后又到了法国。作为前任女王，她很受人们重视，她积极支持科学和艺术活动。她穿着令人震惊的男礼服：短裙、丝袜、高跟鞋，这使她比当时穿着长裙的妇女有更多的行动自由。她的特殊服饰给人们留下了深刻的印象。

葛丽泰·嘉宝(Greta Gabro)在1933年的电影中扮演了克里斯蒂娜女王，得到了高度赞誉，但票房收入并不高。

笛卡儿“清晰独特的思想”指的是什么？

笛卡儿认为理性的“自然之光”是存在的，它能够让人确定自己的思想。

1644年，笛卡儿在他的著作《哲学原理》（*Principles of Philosophy*）中写道：

> 我所谓的“清晰”，是指存在于积极的思想中显而易见的东西，我们可以清晰地看到它们。如果你有一双专注的眼睛，你就会发现这些东西有力地运转着。“独特”指的是精确，与所有其他对象不同，除了“清晰”之外别无他物。

换句话说，思想家有一种直觉或者经验，可以感知清晰，并知道自己对什么事情有清楚的认识。笛卡儿利用的是我们清楚地知道事物一切细节时所具有的识别能力。

▶ 笛卡儿著作《第一哲学的沉思》的目的是什么？

笛卡儿在《第一哲学的沉思》（*Meditations on First Philosophy*）的序言和导言中说道，他的目标是合理证明神和不朽灵魂的存在。他认为能运用“清晰”和“独特”观点的思维方法，为他创造科学的确定性奠定基础。

▶《第一哲学的沉思》中一些主要的哲学观点是什么？

笛卡儿认为有必要将整个知识大厦的根基建立起来，以此来消除现有的错误。他的方法不是对怀疑主义提出质疑，而是去质疑一切可以怀疑的东西，这样就会将正确的观点保留下来。针对感官错误他提出了普遍的论点：例如，观察远处的物体时，人们感觉所看到的物体比它们实际要小。

然后，他质疑能否可以确定在人的思想之外还存在另一个世界。如果考虑到每天晚上在睡眠中的人都可能做怪异扭曲的梦，这种质疑的疯狂性其实并不罕见。这就提出了如下的问题：保持清醒和睡眠之间的区别究竟是什么。笛卡儿指出，在这两种状态中没有任何特质能够让人确定他处在哪种状态中。

笛卡儿下一个质疑的是数学和逻辑思维问题。笛卡儿说，我们在这些过程中展现出来的信心，取决于我们对仁慈上帝怀有的信心，上帝确保那些在我们看来不言而喻的东西确实是真实的，上帝还确保过去思维过程的准确性，那些

笛卡儿认为关于自身存在的这一断言会导致其他的结论，例如上帝是存在的，外部世界也同样存在。（图片来源：iStock图像）

思维过程对于在推理过程中得出结论是很重要的。

接下来，笛卡儿进一步提出了他最具影响性的疑问：如果不是仁慈的、全能的上帝，而是邪恶的恶魔，他不支持我们真正的心理过程，而是不断地欺骗我们，我们的思想在做什么，会有怎样的结果？所以笛卡儿对是否存在善良而强大的上帝提出了质疑，他自己认为这是一个让人心神不安和痛苦的难题。

▶ 笛卡儿如何解释邪恶的魔鬼假说？

笛卡儿描述了一切他可以怀疑的东西（包括感觉信息、外部世界、自己的思维过程和善良的神）。他还指出，不怀疑自己正在进行怀疑这个事实。因此，他总结说他不怀疑自身的存在，因为他正在怀疑着某人或某事。他后来写了著名的一句话"我思，故我在"：

> 我注意到了，虽然我正在努力去思考错误的事情，但是正在进行思考的我必须是存在的。"我思，故我在"是如此稳固和安全，甚至怀疑论者最强烈的论断也不能推翻它。根据我的判断，我要毫无顾忌地接受它，把它作为我寻求哲学的第一原则。

▶ 笛卡儿是笛卡儿信徒吗？

笛卡儿捍卫了他的自身存在的观点，从这个意义上理解，他是笛卡儿信徒。

但由于他没有从字面意思理解人的心灵和身体是两回事这一问题，所以他不能算是笛卡儿信徒。他在著名的著作《第一哲学的沉思》中的《第二个沉思》(*Mediation Ⅱ*)一文中写道："我没有像飞行员在机舱里一样存在于我的身体里。"他的意图是对头脑和身体作出抽象的区别。但因为他没有交代两者之间的相互作用，所以笛卡儿仍然停留在身心二元论的"笛卡儿主义"阶段。

▶ 笛卡儿的著作《灵魂的激情》的主要思想是什么？

勒内·笛卡儿声称，他的心灵或灵魂感觉到了"激情"，或者是在身体里存在的感觉和痛苦。虽然灵魂是大脑的一部分，但是灵魂与身体的各个部分也是相连的，即大脑松果体"比在其他地方更为特殊地行使其职能"。也就是说，灵魂通过松果腺直接影响身体运动，这是因为它能通过意志使动物精神活跃（笛卡儿认为，意志是无限的，因为它是上帝旨意的副本，但是人类的认识是有限的。因为意志常常会超越理解，所以人类要遭遇各种罪恶和不幸）。笛卡儿认为意

笛卡儿确定了"我思，故我在"的主张之后做了些什么？

笛卡儿问自己，他是什么，并得出结论，他是一个思维的东西，即思想灵魂，而不是他本身的存在——上帝。上帝既把笛卡儿创造成一个非物质的、思想的东西，即灵魂，也创造了包括笛卡儿身体的宇宙。对于神的存在，在笛卡儿的《本体论的争论》中有第二个证明：上帝是万能的、好的，存在总比不存在好，因此，上帝是存在的。

因为上帝是好的，上帝不可能是骗子，因此，早期对于外部世界以及逻辑理性的有效性是否存在的质疑就没有必要了。有关检测数据的疑虑总是可以通过进一步的感觉经验予以纠正。要想区别清醒和睡眠，可以等待一个人清醒后再比较这两种状态。上帝所创造的人类是这样的，我们对所存在世界的现实的感觉是可信的。

识,或在身体的感觉和身体中的痛苦,是人类独有的。他认为动物缺乏松果体和意识,因此它们是单纯的机器。

▶ 人们对于《第一哲学的沉思》的反响如何?

天主教神学家发现,勒内·笛卡儿对上帝存在提出了怀疑,但上帝不能通过他的本体论来解决。另一些人纠结于两种完全不同的物质:精神和物质,这种二元论的问题很难解决。思想可以直接反思,但它违背科学。物质——笛卡儿指出具有大小、形状、数量、质量的不可感知的粒子(第一性质)——是科学的终极课题。

笛卡儿认为,我们了解的物质比思想少。问题是:“思想和物质是如何相关联的?”笛卡儿关于物质的思想、他的二元论和身心问题为他的同时代和接班人作出了榜样。巴鲁赫·斯宾诺莎的回应是提出神与自然两方面的理论。尼古拉斯·马勒伯朗士试图用偶因论来回答精神和物质是如何连接的问题。莱布尼茨也提出了偶因论的一种解释,并呈现在他的著作《预定和谐说》(*Pre-Established Harmony*)中。在经验主义阵营中,托马斯·霍布斯坚持不存在任何非物质,约翰·洛克直接攻击笛卡儿对物质的想法。

根据笛卡儿所述,所有物理的东西是物质实体,所有精神的东西是非物质实体。

▶ 为什么笛卡儿关于物质的想法对于经验主义者来说是一个问题?

根据笛卡儿的观点,实体可以被心灵感知,但不是通过感官感知的。而经验主义者认为我们的信息知识是通过感官得到的。

巴鲁赫·斯宾诺莎

▶ 巴鲁赫·斯宾诺莎是什么人物?

巴鲁赫·斯宾诺莎,是17世纪一位孤独的思想家。他非正统的想法使他被驱逐，不得不离开荷兰阿姆斯特丹的犹太社区。此后，他几乎很少和其他犹太人接触。但由于他是犹太人，他在荷兰认识的其他熟人对他并不友好。

1660年，他从阿姆斯特丹移居到莱茵斯堡，而后又到了沃尔伯格。1663年，他撰写了《笛卡儿哲学原理》(*Renati Descartes' Philosophy*)。1670年，他匿名出版了著作《神学政治论》(*Tractatus the Ologico-politicus*)。1673年，德国海德堡大学为他提供了做哲学教师的机会，却被他拒绝了，原因是他不想打破自己原有的平静生活。他认为，学者在不断争论间会产生怀疑和怨恨。他认识莱布尼茨，并与英国皇家学会的成员亨利·奥尔登堡 (Henery Oldenburg) 和惠更斯 (Huygens) 保持通信。

斯宾诺莎撰写的《伦理学》(*Ethics*) 和《知性改进论》(*Tractatus de Intellectus Emendatione*) 都是在他去世后出版的。斯宾诺莎宁愿选择不受外界影响而独立思考的生活方式使他的著作与众不同。但是作为哲学家，他在很长时间里并不为人们所熟悉，这也是与他不愿意受外界影响的方式有关联的。

斯宾诺莎的哲学目标是什么？

斯宾诺莎非常现实的哲学目标是研究人如何生活在世界上。他试图寻求人的一个优点，或是一个价值，这一优点或价值能使人从不可预知的、不愉快的和不可控的人类生活的方方面面中独立出来。他得出结论，人的终极善意是能够意识到人在自然中的位置，并接受这种自然秩序。自然科学、政治、道德、教育，甚至技术都是为了实现人类获得对自然秩序的完整认识而必须了解的学科。斯宾诺莎说，人的意识就像血流里的一只蠕虫。尽管每一滴血液都是独立的，但它属于有机体完整体系的一部分。斯宾诺莎的哲学的任务是描述作为世界一部分的人所组成的整体。

斯宾诺莎总结说，终极的善就是发现人在自然中的位置。(图片来源：iStock 图像)

▶ 斯宾诺莎的哲学体系是什么？

虽然斯宾诺莎的哲学体系在很大程度上存在着神学元素，但是他从确定生存方式的道德目的出发积极地构建自己的哲学体系。他没有将道德建立在上帝的基础之上，而是建立在适当的人类知识之上。这样的知识既能够使个体获得控制激情的能力，又能使个体和平地与他人共处。然而从间接影响来看，这种自然知识等同于上帝的知识。因为根据斯宾诺莎所述，上帝存在于整个自然界中。

斯宾诺莎以几何论证的形式撰写哲学著作，用公理证明自己的结论。首先，他假设物质是存在的。他认为物质具有无限的特征，但人类可以感知到的却只有两个：扩展和思想（或者叫做物质和意识）。

斯宾诺莎的形而上学属于一元论。上帝便是唯一的存在。根据斯宾诺莎的观点，上帝是“绝对的无限”。尽管上帝具有无限的特征，但是每个特征都无限地将上帝的本质表达出来。人类可以感知或理解的只是上帝的两个无限特征：思想和物质躯体，或者延续。每个特征都有无限模式和有限模式，虽然有限的模式在数量上是无限的。例如，一个人，是上帝的一个有限模式，思维模式和扩展模式都与上帝同时存在。

理解斯宾诺莎观点的方法之一是，意识和物质是看待上帝存在这一观点的不同方式。正如存在着的其他所有事物一样，上帝也是自然，但自然同时也是上帝。斯宾诺莎对自然进行了区分，包括积极创造世界的上帝和人类能感知的自然。

▶ 斯宾诺莎怎么看待善和恶？

斯宾诺莎以近乎考虑数学问题的方式，客观深入地探讨了人类的行为和愿望。高尚的行为是理解的结果，这些行为或者是自我感知或者是利己主义，但是这两种行为是可以结合在一起的：“比起人，没有什么其他的事情对人类更有用。”他将善定义为“我们所确切知道的对我们有利的事情”，他将恶定义为“我们所确切知道的阻止我们去行善的事情”。因为上帝是完美的，他没有必要追寻那些对他而言所谓的善或恶。上帝的恩赐不是对高尚行为的奖励，而是在拥有理性和“适当知识”的前提下生活的必然结果。斯宾诺莎也认为一个国家的公民不能放弃获得自身幸福的权利。

▶ 斯宾诺莎体系是如何解决笛卡儿哲学思想的？

笛卡儿关于意识和身体的划分依赖于除上帝之外的两个独立物质的存在：意识和物质躯体。对于斯宾诺莎来说，世界只存在一个实体，那便是上帝。也就是说，人类的意识和身体虽然是同样确定的事物，但却以不同的方式被人们所理解。我们认为一个事物并不是随意地与其本身相互作用。因此在斯宾诺莎哲学体系中，笛卡儿哲学思想并不是一个问题。

▶ 斯宾诺莎为人类遗留下了什么？

在几个世纪以来，斯宾诺莎在人们心中一直是近乎神圣的。1672年，他想参与抗议，反对残酷暴民行刺荷兰政治家和数学家约翰·德·维特（Johan de Witt）和他的兄弟科尼利斯（Cornelis de Witt）。参与这次行动是危险的，于是斯宾诺莎的朋友将他锁了起来，阻止了他的行动。19世纪，浪漫主义诗人诺瓦利斯（Novalis）称斯宾诺莎为"痴迷于上帝的人"。20世纪哲学家伯特兰·罗素（Bertrand Russell）称斯宾诺莎为"最可爱、最高尚的哲学家"。

人们认为斯宾诺莎影响了心理学分析之父西格蒙德·弗洛伊德（Sigmund Freud）、科学家阿尔伯特·爱因斯坦以及一些作家，例如威廉·华兹华斯（William Wordsworth）、塞缪尔·泰勒·柯勒律治（Samuel Taylor Coleridge）、海因里希·海涅（Heinrich Heine）、珀西·比希·雪莱（Percy Bysshe Shelly）、乔治·艾略特（George Eliot）、乔治·桑（George Sand）以及豪尔赫·路易斯·博尔赫斯（Jorge Luis Borges）。20世纪晚期的自然主义者，以及那些认同意识和身体同一性的人，都拥护斯宾诺莎的作品。他对人的情感进行了认知描述，认为情感是对信仰的表达。这种描述方式为当代心理学各分支学科以及意识哲学打下了基础。

同时期的剧作家大卫·艾夫斯（David Ives）的作品《新耶路撒冷：在犹太教法典律法集会上对巴鲁赫·斯宾诺莎的审讯：阿姆斯特丹，1656年7月27日》（*New Jerusalem: The Interrogation of Baruchde Spinozaat Talmud Torah Congregation: Amsterdam, July 27, 1656*）戏剧性地描述了斯宾诺莎受到的迫害以及犹太教领袖的担忧。当时阿姆斯特丹并不想接受犹太社区，犹太教领袖害怕斯宾诺莎激进的想法会干扰阿姆斯特丹的这一决定。在剧中，斯宾诺莎这一

镜片工艺社团是什么？

20世纪至21世纪初，当时美国哲学协会（American Philosophical Association，缩写为APA）的大多数成员都能找到学术性哲学家的工作，但并不是所有获得哲学博士学位的人都能成为学校的教授，其中有一部分人甚至找不到工作。美国哲学协会在每年一度的会议上给这些没有工作的哲学家提供食宿，还赞助他们成立了一个名为"镜片工艺社团"的组织。该组织的名字是为了纪念斯宾诺莎而起的，因为他是以抛光镜片为生的。

角色极具讽刺地说"这里没有犹太教的教义，只有争吵"。

在斯宾诺莎被犹太教逐出教会后，他没有得到庇护，也没有任何工作。他只能靠磨镜片为生，我们有理由相信镜片里的灰尘对他的肺部造成了致命的伤害，并且最终导致他英年早逝。

尼古拉斯·马勒伯朗士

尼古拉斯·马勒伯朗士是什么人物？

尼古拉斯·马勒伯朗士是一个理性主义者，同勒内·笛卡儿一样，他也试图解决意识和身体之间的关系。

马勒伯朗士对笛卡儿的意识—身体问题有怎样的看法？

马勒伯朗士认为任何事物，无论是精神的还是物质的，都不能引发其他事物或者受其他事物的影响。他的理由是，如果任何物质躯体不具备能够产生其他事物或者保持运动状态的能量，那么任何一种物质躯体都具有惰性，是被动的。精神上的事物不能产生任何其他的事物，因为人的意识行为与其他事物之间没有必然的联系。在这种意义上，只有上帝的意识才是有效的。因此自然界的任何因果关系都是上帝所为，自然界中的因果关系就像是只差1分钟的两个时钟。看似快1分钟的钟带动了慢1分钟的时钟的运行，但这仅仅是一种表象。

▶ 马勒伯朗士有更详尽的哲学思想来支持他的因果论吗？

是的，马勒伯朗士一直被尊崇为神学玄学家，在他的重要著作《探索真理》（*The Search after Truth*）中，他发展了“上帝视角”的理论。他同意笛卡儿的理论学说，认为人的意识是组成人体见解和知识的最基本成分。但他认为我们的想法实际上是上帝的想法，不属于我们自己。根据马勒伯朗士的观点，上帝视角理论对于抽象知识尤为重要，因为普遍真理、数学真理、道德理解都是上帝视角的一部分。这些抽象知识也体现出上帝对他所创造的世界的真实性的认识。

马勒伯朗士在他的《论自然和高雅》（*Treatise on Nature and Grace*）中解释了善意、全能、全知的上帝为何允许这个世界上存在着邪恶。他认为上帝原本能够创造一个更完美的世界，这个完美的世界不存在我们现在所知的各种邪恶。然而，这个世界一定比上帝所创造的现实世界更复杂，根据普遍法则，创造一个更完美的世界有悖于上帝所遵循的最简单原则，这种简易和普遍性恰好也能解释对人们恩惠的不平等分配。

▶ 马勒伯朗士过着一个令人激动的生活吗？

果真如此的话，令人激动的也是他的内心世界。从表面上看，马勒伯朗士是一个有着宗教隐士般性情的学者。他出生在巴黎并在那里去世，终身过着孤独的生活。

马勒伯朗士像小孩子一样身体虚弱，他天生脊椎畸形并有呼吸问题。他16岁以前一直接受家庭教育。他的父亲是一位皇家顾问，管理五家农场的财政，他的母亲是加拿大总督的姐姐。

马勒伯朗士后来就读于巴黎大学马其学院，两年就获得了文学硕士学位，之后又在巴黎索邦神学院读了三年神学。1665年，他在圣雅克市郊做了一名牧师。他的家人全力支持他在教堂的工作。1674年，除了教授数学他没有其他官方的工作。1690年，教堂将马勒伯朗士的《论自然和高雅》（*Treatise on Nature and Grace*）一文刊登在一本书上，结果这本书被天主教列为禁书之一。这是因为马勒伯朗士认为人们所有的思想是上帝的意愿，这种主张具有一定的争议性，另一个原因是马勒伯朗士一直不遗余力地宣扬笛卡儿的数学（笛卡儿的著作是天主教的禁书，信仰天主教的教民不能阅读，也不能在教会学校讲授笛卡儿的著作）。尽管马勒伯朗士最重要的著作《探索真理》给他赢得了很多荣誉，但世人普遍认为他的学生（例如莱布尼茨）更有才华。马勒伯朗士本人很支持他学生的研究工作。

1871年，为哲学家撰写自传的自传家亚历山大·坎贝尔（Alexander Campbell）在一篇文章里写到年轻的哲学家乔治·贝克莱（George Berkeley）是如何意外地导致了马勒伯朗士死亡的。

> （贝克莱）发现聪明的马勒伯朗士神父在一个小修道院里，小瓦罐（可以直接放在火炉上的陶瓷煮锅）里熬着药，当时他一直受肺炎的折磨。他们很自然地讨论到了贝克莱的哲学体系，马勒伯朗士是从一本新出版的翻译作品中对贝克莱的哲学体系有所了解的。但对马勒伯朗士来说，这次争论却是一个悲剧。在争论达到激烈状态时，他的声音越来越大，充分展现出了人类本能的冲动和法国人的急躁天性。这使得他的病情加剧，几天以后便去世了。

戈特弗里德·威廉·莱布尼茨

莱布尼茨是什么人物？

戈特弗里德·威廉·莱布尼茨是德国哲学家、科学家、数学家以及历史学家。他以形而上学的唯心主义观点及唯理主义论闻名于世。另外，他在天文、生物、工程、信息技术、法律、逻辑学，药学、古生物学、文献学、汉学、社会科学以及地质学等方面都有所成就。他发明的计算器可以进行加、减和求平方根的计算。据说拿破仑采用了莱布尼茨设计的侵略埃及的计划。莱布尼茨一生中著有多部长篇巨作。

关于莱布尼茨的一生，我们了解多少？

当你在学校做这些微积分的题目时，应该感谢莱布尼茨。（图片来源：iStock图像）

戈特弗里德·威廉·莱布尼茨出生于德国的莱比锡，他的母亲是一位教授的女儿，莱布尼茨的父亲也是一位教授。在他6岁时，父亲就去世了。莱布尼茨进入莱比锡大学，主修哲学和法律。在他20岁时就完成了所有的学业，但由于太过年轻，学校没有授予他法律博士学位。然后他去了阿尔托夫城，在那里获得博士学位并顺利获得教授一职。但是他并没有接受这一工作却成为德国纽伦堡玫瑰十字会的秘书，随后加入约翰·菲利普·冯·申博（Johann Philipp von Shonborn）大军，成为德国西部城市美因茨的选帝侯。在此期间，他没有进行哲学研究，为了赚钱，他主要撰写历史书籍和传记。

1672年，莱布尼茨去了巴黎，四年后为汉诺威公爵约翰·弗里德里希（Johann Friedrich）服务，在公爵去世后，莱布尼茨又为新任汉诺威公爵恩斯特·奥古斯特（Ernst August）服务，之后是格奥尔格·路德维希（Georg Ludwig）。1714年，路德维希成为英国国王乔治一世（George Ⅰ）。1685年，恩斯特·奥古斯特委任莱布尼茨撰写布卢斯维克家族的历史。在游历了慕尼黑、维也纳以及意大利后，莱布尼茨在调查文章中描述了布卢斯维克家族与埃斯塔家族存在着怎样的关联。

莱布尼茨与恩斯特·奥古斯特的太太索菲和她的女儿索菲·夏洛特保持着密切的通信联系。索菲·夏洛特后来成为普鲁士王后。莱布尼茨后来成为柏林科学协会的主席，而夏洛特就居住在柏林。夏洛特死后，她家人就不再欢迎莱布尼茨了（可能是因为他们怨恨夏洛特生前与莱布尼茨的关系）。

无论是在理论研究上还是科学实践上，莱布尼茨都一直为科学研究领域的交流与合作做着不懈努力。同时，他也希望所有的基督教徒能联合起来。

关于微积分，莱布尼茨和牛顿有哪些争论？

莱布尼茨非常聪明并善于社交，他喜欢与别人就某些观点交流意见并进行合作。然而，在他人生的最后一段时光，他一直受到艾萨克·牛顿拥护者们言论的困扰。牛顿拥护者们认为他抄袭了牛顿的微积分理论。莱布尼茨发表声明说，1637年，当他在英国得知牛顿正在研究微积分时，他给牛顿写了一封信。

牛顿通过一个中间人把回复的信函交给了莱布尼茨。尽管他写到了二项式理论并且只有一句用拉丁文代码写的关于微积分的话："aaaaa cc d ae eeeeeeeeeeeee ff iiiiii lll nnnnnnnnn oooo qqqq rr ssss tttttttt vvvvvvvvvvvvv x。"它表示"任何方程式，都存在变量，可以利用微积分去发现变量，反之亦然"。没有人真正明白牛顿给莱布尼茨写了什么，也没人把它与微分学联系在一起，尽管人们经常引用这一连串的字母来描述牛顿非常没有理性。随后，莱布尼茨发明了自己的微分学，立刻通过中间人给牛顿看了，1684年，莱布尼茨发表了这一方法。1695年，牛顿的拥护者指责他抄袭。

几个世纪以来，学者们证明了莱布尼茨并没有抄袭。他们认为莱布尼茨和牛顿都独立发明了自己的微分学，但在时间上牛顿确实比莱布尼茨更早地发明了微分学，但是莱布尼茨更早地将自己的发明发表出来。

1712—1714年在维也纳，莱布尼茨被授予了很有威望的政府职位。但在他去世时，他的皇家资助者和大多数认识他的知识分子都背弃了他。他们这么做有很多原因：在莱布尼茨与艾萨克·牛顿的争论中，他们支持了牛顿；莱布尼茨不再受到索菲·夏洛特的保护；他的哲学作品并不受欢迎。在他去世后，皇家协会和柏林学会都没有授予他任何荣誉。当他的葬礼被举行时，国王乔治一世就在附近，但是他没有参加他的葬礼，也没有派代表参加。

莱布尼茨的坟墓在将近50年的时间里没有任何标记。后来索菲·夏洛特的一位后人决定让人们重新记起莱布尼茨。虽然人们尚不清楚他与艾萨克·牛顿关于发现微积分的争论对他的名誉与地位有怎样的影响，但是很显然，这场争论使他受到的伤害远远大于牛顿受到的伤害（牛顿声称莱布尼茨抄袭了他在微分学领域的研究）。

莱布尼茨去世前，他正忙于撰写一部关于中国哲学的宗教著作以及《莱布尼茨与克拉克的通信》（*Leibniz-Clark Correspondence*）一书，在书中他几乎抨击了牛顿形而上学体系的每个环节。

莱布尼茨在胚胎学领域有怎样的观点？

戈特弗里德·威廉·莱布尼茨相信先成说，该理论宣称所有的生物一旦被创造出来，它们的子孙后代就会从完全成形的种子中发育出来，人类中的侏儒和动物的畸形也是以这种方式发育的。一些先成说主义者相信，人类的连续性早已存在于伊甸园里亚当的睾丸中了，而其他先成说主义者认为人类的连续性存在于夏娃的卵巢中。这两种观点分别叫做“精源学说”和“卵源学说”。

与先成说相对应的理论是渐成说，渐成说认为个体是晶胚在一定时间内发育的结果。然而，在人们真正地了解遗传和受精的知识之前，人们就已经知道了物质本身不能自己成为一个复杂的有机体，渐成说提供了一些可利用的证据，使该理论看起来有一定的道理。

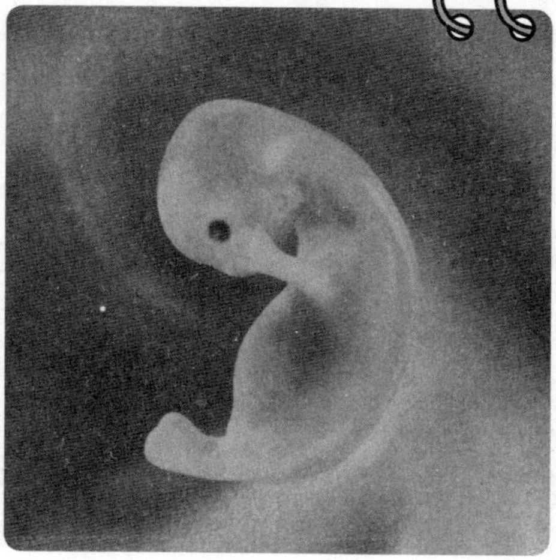

戈特弗里德·威廉·莱布尼茨认为人类从一开始就被预先决定了。换句话说，他认为每个人在子宫中发育为胚胎前就完全成形了。（图片来源：iStock图像）

安东尼·范列文虎克（Antoni van Leeuwenhoek）是一位技术高超的荷兰透镜研磨者，他创制的显微镜能将物体放大200倍。在1700年前后，在他成功地观察了细菌之后，他报告说能观察到男性和女性的生殖细胞：

> 我已经观察了健康男子的精液，在精液射出的五六分钟后，精液还没有变成浑浊的即将腐烂的液体。我注意到了大量的微小生物，在不到一粒沙那么大的面积里，它们的数量超过了1 000个。

列文虎克观察了池塘的浮渣、齿菌斑以及超过30只不同动物的精液，他在哲学物质中观察到了具有完整外形特征的微小动物。他被推选为皇家学会成员，并且他对于缩微世界的描述成为先成说的证据——宇宙中的一切都由上帝一次性地创造出来。

▶ 什么是形而上学理想主义？

形而上学理想主义在哲学史上可以追溯到古代的前苏格拉底时期，后来，柏拉图将其完善。形而上学理想主义认为最终存在的真实事物是非物质的、不能被感官明显感觉到的。基于这一观点，上帝被人们认为是非物质的、真实的，因此所有的基督教哲学家都是“理想主义者”。但是“形而上学理想主义者”经常指那些认为意识和其他精神内容比自然世界中存在的事物更真实的人。

▶ 莱布尼茨对哲学的独创性贡献是什么？

莱布尼茨的主要著作包括《单子论》（*Monadology*）、《论形而上学》（*Discourse on Metaphysics*）、《自然神学》（*Theodicy*）、《莱布尼茨与克拉克的通信》以及一些政治作品和大量未出版的书稿。莱布尼茨的宇宙观较为复杂并且与常识相悖，在理论上有极大的吸引力，并保护了基督教的核心信念。他的哲学作品具有高度复杂性，并有相应的专业术语。他宣扬他的哲学观基于如下这些普遍原理：认同原则、最佳原则、充分推论原则、形而上学的必要原则、序列原则、因果原则和自然原则。另外，根据莱布尼茨的著作《单子论》，他认为真实世界最基本的单位是单子。

莱布尼茨如何定义他的这些原则？

莱布尼茨基于以下原则发展了自己的哲学观：

认同原则——这是必然真理和无矛盾规律。A就是A，从来不可能不是A。与必然真理相反的就是矛盾。

最佳原则——偶然真理可以具有与其不矛盾的对立面。上帝具有非凡的智慧，他善良、充满力量，他没有必要一定要创造这个世界。但是上帝作出了这一选择，并且因为他的选择，我们才有了这个有可能是最好的世界。

充分推论原则——每一个事物的存在或发生，必定存在导致其发生的充分原因。

形而上学的必要原则——莱布尼茨提出了一些原则，其中包括：每一个可能的事物都需要在世界上存在并必将存在，除非被阻止；活动是物质存在的基础；事物保持自身的状态，除非某个原因促使它作出改变。

序列原则——该原则包括3个序列规律：连续规律、每个行为都包括一个反应的规律、因果相等规律。

效率和最终因果关系原则——有效的原因能导致事情即刻发生，而最终的原因是更加高级物质的结果或目标。有效因果关系为最终因果关系服务。

自然原则——上帝允许一切事物存在和发生，他从自然中作出选择；否则他将持续地演绎奇迹。自然的东西总是处于基础或必然与偶然之间。

潘格罗斯博士是什么人物？

法国杰出的讽刺作家伏尔泰（Francois-Marie Arouet）在他的小说《憨第格》（*Candide*）创造了潘格罗斯博士这一人物，用来讽刺莱布尼茨的哲学乐观主义精神。小说中的人物憨第格是男爵的私生侄子，从小过着奢华的生活，潘格罗斯博士是他的老师（Pangloss中的“pan”在希腊语中是“all”，译为“所有”；而“gloss”则表示“tongue, speech, words”译为“语言、演讲和措辞”。因此潘格罗斯博士也被翻译为“言语博士”）。

潘格罗斯博士教授憨第格“形而上学—神学—宇宙论”。这种教学是对莱布尼茨和诗人亚历山大·蒲柏的哲学乐观主义的一种讽刺。伏尔泰认为这种哲学乐观主义与人类真正遭受的苦难不一致。例如，1755年葡萄牙里斯本地震造成了严重破坏，法国大革命之前旧制度对人民也进行了极度的压迫。

哲学乐观主义观点认为上帝是美好的，因此世界上的每个事物一定是美好的。事实上，人们所生活的世界是最美好的世界。这个世界中的所有事物，包括我们觉得邪恶的事物，都是整个系统中不可避免的、已经呈现出最佳状态的一部分。下文是潘格罗斯博士对自己信念的解释，也是伏尔泰讽刺别人的一个例子：

“这是可证实的，”他说，“事物是按照它们原本的样子存在的，不会成为其他的事物。因为所有的事物都是为了某个终极目的被创造出来。终极目的就是好的结局。例如，鼻子是为了戴眼镜而存在的，因此我们戴上了眼镜。很明显，脚是为了袜子而存在的，因此我们穿上了袜子。石头是用来劈砍以及建造堡垒的，因此公爵有一个宏伟的城堡。这个教区最了不起的男爵应该有最好的住所。猪生存的目的是被人类吃掉，所以我们一整年都吃猪肉。宣称所有事情都是正确的人，并不能正确地表达自己。他们应该说每个事物都是最好的。”

什么是莱布尼茨的单子论？

和勒内·笛卡儿一样，莱布尼茨认为存在的基本单位是实体。但是笛卡儿假设存在两种基本实体——意识与物质——而莱布尼茨只假设了一种非物质的实体，这就是“单子”，他还举出了许多“单子”的例子。依据莱布尼茨所述，单子是灵魂、思想或精神力量不可分的单位，每个单子将其他所有单子视为自己内在状态的一部分。

每个单子都拥有一个对其他单子的状况作出“反应”的有机体，这种“反应”并不是直接效果。也就是说，就像动物的每个细胞都包含该动物的所有染色体和基因一样，莱布尼茨认为每个单子自身都包含有关世界的完整信息。并且，每个单子都包含它自身的未来状态。当然，在这些未来状态里，单子对其他每个单子的未来状态都形成感知。这个单子的世界体系是上帝创造的，该体系的主要特征是它具有已经预设好的和谐，所以人能对直接的相互作用和相互关系产生相应的感知。

单子形成群体和不同级别的支配单子群。这些单子的聚集组成了真正的物质存在。空间和时间是抽象的概念，而非实体存在。莱布尼茨认为空间是可能的共存形式；时间是（存在的事物）可能连续存在的形式。

17世纪经验主义

▶ 什么是自然法则？

自然法，也叫自然法则，是人类行动的一系列规则，人们通常认为自然法则有神圣的来源。自然法则作为普遍的道德和政治法则，首先由斯多葛学派哲学家将其概念化。他们相信自然法则是组成宇宙基本结构的一部分。一些早期的思想家认为自然法则可以应用到动物世界和人类生活中。

基督教神学家后来将自然法则的观点视为人类行为不证自明的原则，只有理智的人才能懂。托马斯·阿奎那认为人的理智可以揭示出上帝的意图——为了保持共同利益或者整体利益，我们应该有怎样的行为表现。遵循自然法则是服从上帝旨意的重要部分。不同国家和人民的特定法律或许不同，但是自然法则的基本原则却是通用的。

▶ 关于自然法则，雨果·格劳修斯提出了哪些有影响的观点？

雨果·格劳修斯对自然法则进行了修正，他认为自然法则不仅是共同利益的法则,也是限制人们去追寻个人利益的学说。也就是说,他改变了托马斯·阿奎那自然法则的观点,对自然法则的研究角度从公共利益转变为个人利益。这种思想对托马斯·霍布斯和约翰·洛克发展的政治哲学有深远的影响。

根据格劳修斯的《战争与和平法》(*The Law of War and Peace*),人们可以利用自然法则解决宗教争端和国际争端。他认为观察人性可以了解自然法则。他根据观察总结出人具有社会性和好斗性,每个人都有权利限制其他人的行动。政府是在牺牲某些人的某些权利基础上产生的,其产生的目的是使我们的生活得以改善。格劳修斯认为如果上帝不存在的话,我们有义务遵循自然法则,尽管他也认为上帝确实使自然法则得以加强。

霍布斯和洛克基于自然法则构想了有关公正、有益的政府的理论。然而,霍布斯强调人性好斗性的一面,而洛克则强调人性的社会性。

托马斯·霍布斯

托马斯·霍布斯是什么人物?

托马斯·霍布斯比任何一个17世纪的哲学家都更直接地将当时的原子论和科学唯物主义应用在形而上学中。霍布斯认为世界上的万事万物都是由物质和运动引起的。他是批判笛卡儿学说的早期批评家之一,并被同时代的人誉为无神论者。霍布斯对人的自然状态进行了描述并以该描述著名,他将人描述为“孤独、贫困、污秽、野蛮和短暂的”。

托马斯·霍布斯过着怎样的生活?

霍布斯的父亲是英国韦斯特波特镇的一名教区牧师,但是因为他参与了教会外的一场争论不得不离开伦敦。托马斯·霍布斯的伯父是马姆斯伯里的议员,资助了霍布斯的教育。1602—1608年间,霍布斯在牛津大学学习了希腊语和拉丁语。毕业后,他担任了卡文迪什男爵长子威廉的家庭教师(卡文迪什男爵就是德文郡伯爵,他是霍布斯职业生涯的主要赞助者)。1610年,霍布斯与威廉游历欧洲大陆。当时约翰内斯·开普勒首次发表了行星轨道是椭圆形的研究结果。伽利略·伽利莱也在1610年发表了他用望远镜观察到的结论。霍布斯回到英国后遇到了英国政治家、科学家和哲学家弗朗西斯·培根。培根认为有必要摒弃亚里士多德的科学观点，霍布斯表示赞同。然而，霍布斯并不赞同培根的归纳法。培根认为科学知识源于观察。与此相反，霍布斯认为知识体系的发展源于物质和运动的最初原则，经验的本质正是从这些原则推论形成的。

托马斯·霍布斯将当时的原子论和科学唯物主义应用于形而上学中。（图片来源：iStock 图像）

霍布斯开始阅读古典书籍，并在1628年将修昔底德的《历史》翻译成了英文。就在那时，卡文迪什男爵去世，公爵夫人为了减少开支将他解雇。因此霍布斯回到欧洲在另一个贵族家庭工作，成为克林顿爵士之子的家庭教师。他开始对几何学感兴趣，认为几何学可以作为一种传达哲学体系的工具。当霍布斯遇到天文学家、牧师、哲学家皮埃尔·伽桑狄和伽利略时，他在天文学领域的兴趣又被激发出来。

从那次改变之后，霍布斯把科学原理应用到了人类世界，尤其是政治和历史领域。他撰写《小论文》(*Little Treatise*)，以几何学的形式阐述了感觉经验。在攻击亚里士多德理论的同时，也成为他自己独创性的思想体系。他认为人们察觉不到的粒子运动的变化是知觉的产生原因。

1650年，霍布斯将《论法的原理》(*Elements of Law*)分为两部分出版：心理学论述《人性论》(*Human Nature*)与表达支持统一政府观点的《国家论》(*De Corpore Politico*)。当英国政治力量更替时，《国家论》这本著作使霍布斯的生活陷入危险当中。因为他的唯物主义观点，人们怀疑他是一名无神论者。并且因为他不信奉基督教而被他人排斥。总之，他维护君主政体的做法使议会反对他。与此同时，在查理二世成为国王之前，霍布斯曾担任其数学老师，并出版了一部伟大的著作《利维坦》(*Leviathan*)。

在1645—1663年间，霍布斯卷入了与其他思想家长期的争论中。他与北爱

与霍布斯同时代的人讲述了霍布斯的哪些故事？

与霍布斯同时代的约翰·奥布里（John Aubrey）曾在他所写的《霍布斯传记》（*The Biography of Hobbes*）中记载，霍布斯在牛津大学时，早上起得非常早，然后拿着吊锤、捆扎线和两块奶酪出去捕鸟。他把捆扎线上涂上粘鸟胶（粘鸟胶是一种黏性物质，可以将鸟的爪子粘住从而抓住它们），然后用奶酪当作诱饵来引诱鸟。寒鸦会从远处窥视奶酪，然后朝诱饵猛扑过来。捕捉住鸟后，年轻的霍布斯会将吊锤和捆扎线绑在鸟的翅膀上（之后会发生什么，奥布里并没有给出具体的细节）。

1665年，英国发生了大瘟疫。1666年，伦敦遭遇了大火之灾。之后，人们试图寻求上帝愤怒的原因。议会通过了法案来镇压无神论，政府特别组建了一个委员会调查霍布斯的著作《利维坦》。当时有报告说有人焚烧了霍布斯的雕像。霍布斯担心自己的文集会被搜查，所以他亲手烧毁了一部分作品。当时的国王很敬仰霍布斯，他的介入使霍布斯免受责难，但从那时起，霍布斯就被禁止出版任何作品。罗马天主教教堂和牛津大学都将他的书列为禁书，甚至有时候还会焚烧他的著作。

尔兰德瑞市主教约翰·布拉姆威尔（John Bramwell）在自由意志这一问题上进行了争论。牛津大学的两位教授对霍布斯非常不满：几何学教授约翰·沃利斯（John Wallis）痛斥霍布斯把圆变成方形的想法（这是一个可以追溯到古代的问题，当时人们想要设计出一种方法，可以画出与所给的圆面积相等的正方形）。天文学教授赛思·沃德（Seth Ward）反对霍布斯的整个哲学体系。

霍布斯75岁时还打网球，84岁时，他用拉丁文诗句重新撰写了自传。在86岁的时候出版了《伊利亚特和奥德赛》（*Iliad and Odyssey*）的译著。

霍布斯是怎样解决笛卡儿的意识—行为问题的？

霍布斯不理解勒内·笛卡儿关于思考物质的想法。他首先批评笛卡儿混淆了思考的事物和思想的行为。关于思考的事物，霍布斯写道："思考的事物是物质的。因为只有把事物看作物质的，其动作的原因才能被理解。"在形而上学的历史上，这等于说霍布斯通过否认意识非物质本质的存在，因为存在的东西必须是物质的这种方式解决了意识—行为问题。

霍布斯是怎样解释感觉、记忆、想象力、思想和情感的？

霍布斯把感觉描述为心脏跳动对人体产生的效果。感官总是具有"与其相关的记忆"，因为身体外部因素作用在感觉器官上，感觉器官将这种影响保留下来。只要感觉器官被一个事物影响，它们就不可能被另外一个事物影响。想象力是"衰退的感官"。如果感觉的源头被移去，那么记忆就与想象力相似了。当然，记忆会给人留有似曾相识的感觉。

霍布斯认为思想需要大脑的活动。他提出的无控制思想的想法引发了后来的"思想关联"理论（头脑中的一个思想可以自动引出另外一个思想）。无控制思想以目标为引导。霍布斯认为虽然人类和动物为了达到某一目标而必须做出某种行为，但是人类的独特之处在于人类做事是小心谨慎的。谨慎意味着人从能够完成的任务做起，然后对完成的结果进行衡量，从而指导之后的行动。谨慎也会随着经历经验的增长而增长。

霍布斯把热情，或情感，叫做"尝试"。霍布斯假定人类有两种行为：一种是必需行为，比如说呼吸、营养、血液的循环；另一种则是动物行为，比如说自愿的行为。开心是一种发自内心的情感。欲望是人努力朝向能够使其获得愉悦之物靠近，而厌倦则是试图远离令人厌倦的事物。

霍布斯关于自由意志的看法是什么？

在他的著作《论自由、必然和机遇》（*The Questions Concerning Liberty, Necessity, and Chance*）中，霍布斯把对自由意志的看法叫做"必然论"。他说，在人类思想中，意志不代表任何东西，换句话说，不存在意志。但是存在着渴望，

托马斯·霍布斯著作《利维坦》的封面。(图片来源：艺术文献库)

我们所说的意志就是在我们下定决心去做某事之前的最后的渴望。但是一个完整的人是完全自由的。然而,依霍布斯所言,人类自由就是人能够渴望做什么就去做什么。自由,在他看来,就是完全的自主。

霍布斯还认为所有的行为都有其原因,或者说这些行为是必然的。但是我们要为自己所做的事负一定的法律责任,因为我们要为自己的决心或者说是自由意志付出代价。这种惩罚的目的就是为了防止他人犯错误,以此来维护公正。

霍布斯在《利维坦》中提出了关于政府的什么理论?

霍布斯主张通过强有力的君主政体来重新定位个人在其多变的政治社会中的角色。他首先提出了对自然状态的想法,那是一种没有政府的生活状态。霍布斯的方法是从这种原始状态出发,加上对人类本性的理解,来决定政府的用意和理由。

霍布斯认为,人类在自然状态下,力气是大致相当的,因为即使最弱小的人也有可能杀死最强大的人。他们并不是生来就友善的,而是长期处于一些人反抗另一些人的状态,也就是战争状态。事实上,人类寻求并策划反对第三方的阴谋,其目的仅是为了满足他们的虚荣和贪欲。没有政府,没有政府建立和支持的稳定组织机构,人生在这种自然状态下便是“孤独、贫困、污秽、野蛮而又短暂的”。

人类在自然环境中也具有正确的理性,其中首要的理性就是保护自己。他们同样也对自然法有着自己的看法,首先要尽可能地保持和平状态。但是为了能够保持和平,各方需要一个可强行实施的契约,否则一方执行后,很难确保其他方也会执行。霍布斯写道:“没有强制力,而仅仅是书面的契约,这根本无法保护人类。”

霍布斯关于社会契约的思想是怎样的?

社会契约论是霍布斯用来解决自然状态下不完美生活的方法。这是一个市民放弃自己的个人权利并且把自己的所有权利都让给了主权者,或是《利维坦》的一个协议。反过来,主权者会维持秩序以确保市民的个人利益,比如说,公正的法律系统、教育、婚姻、财产安全和科学艺术的兴盛。

但是霍布斯的《利维坦》也对其臣民有着绝对的权利，包括他们生活的权利、检查制度的权利、支配他们参军的权利以及政府对其强加其他义务的权利。市民唯一的权利就是保护自己与抵制关押和被处决的权利。法律就是主权国家的命令。一旦国家从人民那里得到了权利，唯一能够使统治者下台的方法就是他们自己让位或者是外敌的侵略。

约翰·洛克

约翰·洛克为什么如此重要？

作为一个知识哲学家，约翰·洛克避开了笛卡儿提出的形而上学问题，而提出了关于思想的理论和关于教育、心理学、哲学的基本思想。

洛克关于民主政治和个人权利的政治观点不仅仅是现代英国议会系统的基础，也是美国宪法的基本原则。他的自然法思想至今仍是重要的政治理论。

洛克的一生的重大事件及重要著作有哪些？

约翰·洛克出生在英国萨默塞特郡的灵顿，他的父亲是一名律师兼地方执政官，他支持议会反对国王查理一世。1646年，洛克在威斯敏斯特公学学习古典文学、希伯来语和阿拉伯语，后来他到了牛津大学，在此期间，他对当时盛行的经院哲学感到不满。获得硕士学位后，他讲授拉丁文和希腊文，在1664年得到了道义审查员的职位。

1661年，洛克的父亲去世，洛克继承的遗产足够他在经济上获得独立。不久，他结识了著名的科学家如罗伯特·波义耳、艾萨克·牛顿，和著名的医生托马斯·西德纳姆（Thomas Sydenham）。西德纳姆鼓励他钻研医学。洛克从没有进行过医学实践，但是人们认为他在医学领域知识非常渊博。

1666年，洛克结识了艾什莉勋爵，他就是沙夫茨伯里伯爵。当时沙夫茨伯里伯爵的肝脏感染囊肿。在他接受手术的过程中洛克一直在场，手术过程中医生在他的肝脏里插入一根管子来清理创伤。沙夫茨伯里伯爵康复以后，对洛克很感激，因此长期地资助他。沙夫茨伯里伯爵支持洛克的哲学尝试并在1668年将他推荐到了皇家学院。洛克通过与同事之间的谈论，撰写了《人类理解论》（*An Essay Concerning Human Understanding*）。

约翰·洛克的政治观点对英国政府的民主化和美国宪法的基本规则有重大影响。（图片来源：iStock 图像）

洛克也在政治上为沙夫茨伯里伯爵工作，他的一些最为重要的贡献就是在此期间完成的。洛克起草了英国殖民地卡罗莱纳州的宪章，并担任贸易与种植园事务理事会的秘书。沙夫茨伯里伯爵因其领导的议会反对斯图亚特王室，被判处谋反叛乱罪。他虽然得到了赦免，但是被迫离开英国，逃往荷兰。洛克也一同随行，他在荷兰期间，国王取消了洛克在牛津大学的职位；在蒙默斯叛乱失败后不久，詹姆士二世公开指责其为叛乱者。

洛克继续撰写著作，于1689年完成了《人类理解论》和《论宽容》（*A Letter Concerning Toleration*）。他还参与了促使新教徒威廉三世和玛丽二世登上英国王位的计划。洛克是威廉的顾问。1688年光荣革命后，他护送已成为奥兰治王妃的玛丽乘船回到了英国。

在1689年和1690年，洛克的两部主要著作《人类理解论》和《政府论两篇》（*Two Treatises of Civil Government*）完成了。由于他的健康状况不断恶化，洛克不再参与政治上的活动。但他仍然继续写出了著作《论教育》（*Some Thoughts Concerning Education*）和《基督教的合理性》（*The Reasonableness of Christianity*），以及《证实基督教的合理性》（*A Vindication of the Reasonableness of Christianity*）。后一部著作引发了洛克和伍斯特主教爱德华·斯蒂林弗利特（Edward Stillingfleet）的论战。斯蒂林弗利特认为洛克对于物质存在的否定，等于否认英国国教教会的三位一体宗教教义，也是人类死后灵魂不朽的障碍。

洛克的社会契约论与霍布斯的观点有何不同，为什么不同？

洛克认为社会契约是公民或他们的代表与政府或国王所达成的协议。因为人类生活的基本设施和基础的社会机构在社会契约论之前就已经存在，所以洛克认为政府不是必不可少的，这种观点与霍布斯不同。在政府产生之前，人类社会存在和发展得很好，如果政府解散或者政府因某些合理原因被取消，社会也会依然存在。然而，如果有什么东西破坏社会，那么它同样会破坏政府。

洛克是如何用自然法来建构政府理论的？

在《政府论第一篇》（*First Treatise on Government*）中洛克反驳了英国政治学家罗伯特·菲尔默（Robert Filmer）的观点，菲尔默声称国王是亚当的直系后裔，享有神圣的权利。洛克指出，他追随直系血统是毫无准确性的，人类都有父母亲，政治权利与家族权利是根本不同的。

在《政府论第二篇》（*Second Treatise on Government*）中，他把自然法定义为上帝为人类制定的法则，包括人类为生活需求而劳动。上帝把地球和地球上的一切都给了人类，洛克因此问道为什么会出现个人财产，因为个人财产需要利

约翰·洛克认为人类的思想犹如一块白板，这是什么意思？

他与理性主义者不同，理性主义者认为人生来便具有关于世界的一些想法，洛克认为我们的思想在出生时犹如一块白板。我们所有的想法都来源于我们出生后两种不同的经历，一个是感知经历，另一个则是对于感知经历所作出的反应和我们自己的思想活动。关于他反驳先天论的一个主要理由就是人们并不是都有同样的思想，他们的思想因其有不同的经历而不同。

用地球上的资源才能获得。他的回答是个人把“将劳动与之混合”的任何东西都等同于他拥有的东西(洛克在此使用“将劳动与之混合”,也就是我们现在所说的“付出劳动”)。

洛克继续阐述道,在自然状态下,有两个条件限制人类通过劳动增加资本积累,那就是“越多越好”和“没有浪费”。第一个认为自然资源将永无止境。第二个则是允许未用完的资源以其他珍贵的物品(例如钱)的形式来储存,因此剩余产品可以作为财富储存起来,从而避免浪费。在洛克的自然状态下,有生产、合作和贸易。人与人之间基本上是和平的,除了少数违法乱纪者之外。为保证处罚的公正性,政府的存在是有必要的,但这也仅仅是为了在功能性和满意状态之余增加一种便利而已。

▶ 洛克是怎样解决笛卡儿哲学的思想—行为问题的?

洛克认为我们所有的知识都来源于我们的思想,并且我们对于物质还是非物质的东西都没有清晰的概念。如果物质存在,除了物质本身的特质,我们不知道任何关于它的东西。例如,洛克指出我们能够感知到金子的硬度、颜色和柔韧性,但是我们不知道是金子里面的何种物质使它具备这种柔韧性。

他讨论了人类个性中所隐藏的非延展性和非物质性的因素,是什么使得某人是这个人。洛克很关注如果某人在审判日被判有罪,那么正在受罚的这个人与他犯下罪行时的那个人是否是同一人。他的回答是在那样特殊的日子里接受奖励或惩罚,如果你还有一些关于自己的过去记忆的话,你就是同一个人,你就知道自己与因为做了那些事而受审的人是同一人。

洛克拒绝为灵魂设定一种特定的形式或物质,这似乎与基督教的三位一体或上帝本性的宗教教条相矛盾。一些批评家,比如英国神学家爱德华·斯蒂林弗利特指责洛克否认复活的可能性,因为洛克认为不存在永恒的、非物质的灵魂实体。洛克对斯蒂林弗利的回应是重申灵魂永生的信念,但是这是一种信念,而不是通过推理能够证明的事实。

斯蒂林弗利相信一些人体的实体形式对于人的复活是十分必要的。洛克作出回应说,斯蒂林弗利一定觉得同一个身体必须来自墓穴,以此来嘲笑斯蒂林弗利的想法。洛克写道:“我认为阁下不会说,在死亡之前,从身体的汗液中分离出来的粒子还存储在墓穴之中。”

▶ 洛克关于实体的思想与他的知识理论有怎样的关系？

洛克将知识限制在感官信息和思想行为的范围内，对于这两种信息来源范围之外的内容，他持缓和怀疑主义的观点。洛克的著作《人类理解论》来源于他与朋友的谈话。他们的谈话提出了这样一个问题，即由于人类能力的局限，哪些知识可以被人类知晓："有必要检验我们自己的能力，看看哪些内容是我们的理解能力能够处理的。"洛克的方法不依赖于传统，或是其他哲学家所宣扬的东西，而是更关注于"事物本身"。

根据洛克的理解，知识是某种事实的直接意识的反应。我们所能知道唯一的事实就是那些与我们的思想有着直接关系的事实，事实就是关于世界的真理。洛克认为我们不能获得关于世界的直接经验。世界上的事物通过我们的感官来使我们产生想法。所以我们所获悉的真理（事实）是思想之间的联系。对于洛克来说，这些想法是思想的目标，一些思想代表了世界上的事物。在《人类理解论》的第一部中，洛克抨击了理性主义的先天想法和知识的说法。他的论断是我们有与生俱来的才能，但是只有通过经验的作用之后才是知识——这就是洛克著名的心灵白板说。

在第二部书中，把思想追溯到感官以及感官的反映，以此来解释不同类型的思想。感官的反映包括组合、分离、概括和抽象。对于洛克来说，我们的观点是来自经验的印象。当我们在头脑中考虑我们想法的时候，我们能将不同的想法组合在一起，也可以将一个想法分解成更多的想法，整合概括这一组想法，或者是从一组想法中抽象出某种共有的性质。在第三部书中，洛克解释了词语是如何误导我们错误理解事实或"事物本身"的。在第四部书中探讨如何引导我们的思想形成信念，使我们的所知不要迷失太远。

▶ 洛克的教育思想有何创新之处？

洛克最初写下了他对亲戚爱德华·克拉克提出的问题的回答，克拉克的问题是他怎样抚养儿子，才能使其成长为一名绅士。对于那些在政府有代表，既不贫穷也不富裕的、游手好闲的新的资产拥有者来说，这是个令人颇感兴趣的话题。洛克给克拉克的信首先在1639年匿名公布，而后便成为《论教育》，在1800年出版了24版，其中有5版是洛克生前亲自审阅的。

洛克建议应该观察孩子的性情："建立起你对他的权威，接下来要做的是纠正他存在的不良行为。”他建议让孩子渐渐去接触物理学，这是一种创新。他还认为让孩子感觉有羞耻感是比体罚更好的教育工具。

洛克的教育体系认为应将男孩培养成为有资产、有事务的人，这要求孩子要饮食简单、训练肠道功能、睡硬床、早起、无论什么天气都光头赤脚去户外锻炼。母亲的溺爱和仆人的盲目伺候应该减至最低程度。洛克认为孩童时期的自我约束力会促使孩子长成坚强的成年人。洛克认为孩子应该在家庭中通过严格的家庭教师来接受教育，强化语言知识的学习。他不使用诗歌或抽象、推理的学习，而是将天文学、地理学、解剖学、历史学和几何学作为家庭课程的一部分。他也建议绅士的儿子至少需要具备一些商业贸易的技能，比如绘画、木工艺、造园术或金属加工制造。

为什么洛克关于宗教的观点具有影响力？

洛克对于宗教有普遍的认识，他还建议人们要容忍教派与新教之间的抗争。虽然天主教没有削弱新教教会的力量，但是洛克本人的容忍度并没有扩展到天主教。1659年，洛克出版了《基督教理性》一书，他考虑了揭露事实的有效性，但前提是对事实的揭露不能违背先前所接受的事实和信念。他建议英国教会改革，为了吸引反对者，教会可以削弱主教的力量，消除所有神秘事物、宗教仪式和迷信信念，以及减少承认耶稣基督是救世主的宗教信条。

在他的著作《宽容信》(*Letteron To Leration*)中，洛克反对宗教的各种迫害，反对任何干预宗教实践合法化的法规。他的一部分争论是实际的，宗教信念的镇压没有必要滋生叛乱。他对宽容的认可，尤其是关于政府的一部分内容，对美国宪法中教会和国家的分离产生了深远影响。

为什么洛克的传记作家认为他一生中的最后几年是很快乐的？

洛克一生漂泊不定，直到17世纪90年代初，因为他的健康状况逐渐恶化，他搬到了达默里斯·卡德沃斯(Damaris Cudworth)家中，达默里斯也就是马萨姆夫人。传记作者认为早在几十年前，洛克可能向她求过婚。洛克在马萨姆家居住期间，他和弗朗西斯·马萨姆爵士，也就是达默里斯的丈夫关系很友好。洛克坚持要每个星期付1英镑的房租，尽管他仅做一名客人也会很受欢迎。他带来了共计5 000册的个人书籍和他的个人财产，马萨姆夫人对此做了详细的记录，列了清单（不管洛克搬到哪里，他都会这样做）。英国艾塞克斯奥茨的乡村空气比伦敦的空气清新，这对洛克的肺部有很大益处，在这里他能继续写作，时而有拜访者，与朋友保持书信联系，直到洛克去世。

然而对于这样的安排不是没有污蔑者。约翰·爱德华兹（John Edwards）认为洛克的《基督教理性》（*Reasonableness of Christianity*）是一个具有破坏性的，甚至是无神论的作品，他把洛克当作是“奥茨妓院的管理者”。

剑桥柏拉图学派

什么是剑桥柏拉图学派?

如果没有提到剑桥柏拉图学派，那么关于17世纪的哲学讨论是不完整的。剑桥柏拉图学派是指一群关系较为松散的哲学家、神学家和人本主义作家。他们反对新科学、理性主义以及哲学所依赖的经验主义尝试。尽管他们经常对他们所反对的教义内容没有清晰的认识。在精神层面上，他们更接近于新柏拉图学派，例如普罗提诺和普罗克洛斯，而不是柏拉图。他们也对毕达哥拉斯、马西罗·菲奇诺以及赫尔墨斯·特利斯墨吉斯忒斯（基于埃及神托特和希腊神赫尔墨斯的一个神话形象）比较感兴趣。

柏拉图哲学对剑桥柏拉图学派的主要影响是他们提出的关于完美世界的想法，完美世界超越了人们的意念，是引发我们通过感官在世界上经历生活的原因。那些受到新柏拉图学派影响的人将基督教信念和他们基本的柏拉图哲学观点相结合。就像基督教里存在着上帝一样，完美的柏拉图世界也是由某一力量或者神统治。

他们的目标是捍卫“真实的宗教”，反对加尔文教、无神论和机械论的哲学家，例如勒内·笛卡儿、托马斯·霍布斯。剑桥柏拉图学派没有影响到哲学的中心发展，但是他们的个人贡献一直对人们的智力生活有着深远的影响。

剑桥柏拉图主义的基本原则是较为模糊的宗教信仰，首先是由乔瓦尼·皮克·德拉·米朗多拉提出的，他说毕达哥拉斯和柏拉图的哲学都是建立在摩西教义的基础上的，摩西教义表现在犹太神秘哲学和犹太教神秘传统的其他方面。摩西教义信仰承认神的存在、灵魂的不朽以及通过“精神”使自然充满生机。他们确信人有自由意志，还认为理智是宗教事务中最主要的内容。然而，他们不是经验主义者，因为他们相信天生固有的思想以及天生的道德和宗教原则，这些是可以通过直觉来识别的。但是，还请大家记住，并不是所有的“剑桥柏拉图主义者”都持有相同的观点。

▶ 剑桥新柏拉图主义者都有谁？

大家公认这个组织的创始人是本杰明·惠科特（Benjamin Whichcote）。惠科特被认为是“主心人”。亨利·莫尔（Henry More）、拉夫·卡德沃斯（Ralph Cudworth）和约翰·史密斯（John Smith）三人是著名的剑桥柏拉图主义者（卡德沃斯是达默里斯·卡德沃斯的父亲，达默里斯是约翰·洛克的终身朋友，也是他最后几年住所的女房东）。其他有记载的剑桥柏拉图主义的代表人有纳撒尼尔·卡尔福维尔（Nathaniel Culverwell）、彼得·斯德瑞（Peter Sterry）、乔治·拉斯特（George Rust）、约翰·沃辛顿（John Worthington）、西蒙·帕特里克（Simon Patrick）。惠科特、莫尔、卡德沃斯、史密斯都与埃玛纽埃尔大学有联系。加尔文主义是当时的主导性教义，受到了剑桥新柏拉图主义者的反对。亨利是该组织中最活跃的成员。

▶ 亨利·莫尔是什么人物？

亨利·莫尔是“殉道者”英国法官托马斯·莫尔爵士的曾孙。亨利在17岁就读于剑桥大学基督书院，并在那里度过了一生。他在1641年成为研究员，他认为自己独特的使命是消除或“治疗”无神论和神灵感应，他将其称为“头脑

亨利·莫尔主张人和动物都有灵魂。（图片来源：iStock 图像）

中的两种混乱局面”。他试图使哲学家转而信仰他所理解的基督教。他感兴趣的领域包括新柏拉图主义、女巫和鬼魂的报道、科学以及勒内·笛卡儿哲学。

然而，他与笛卡儿不同的是他坚持认为动物有灵魂。他抨击托马斯·霍布斯和斯宾诺莎的“无神论”。他是剑桥柏拉图主义者安妮·康韦（Anne Conway）的导师，安妮转向贵格会后亨利·莫尔对她进行了谴责。据说是他创造了“笛卡儿哲学”和“唯物主义者”这两个名词。亨利·莫尔的著作包括英国耶稣会的历史、一些翻译作品和他撰写的《我们的救世主耶稣基督的生活和教义》（*Lifeand Doctrines of our Saviour Jesus Christ*）。

▶ 安妮·康韦是什么人物?

安妮·康韦因她的哲学著作《最古老和现代哲学的原则》（*The principle of the Most Ancient and Modern Philosophy*）而著名。安妮撰写这部作品是为了推翻勒内·笛卡儿的二元论和亨利·莫尔的理论。她假定存在许多无限数量的有序单子，每一个都“凝结为精神”，是现实的最终组成部分。她受到炼金术士弗朗西斯·墨丘利·范海尔蒙特（Franciscus Mercurius van Helmont）的影响，弗朗西斯把她的作品送给了戈特弗里德·威廉·莱布尼茨。莱布尼茨也承认自己受到她的影响，有些人认为他从安妮·康韦那里学习了“单子”一词。

▶ 安妮·康韦的身体病痛与她的哲学和宗教有什么关系?

安妮生于1630年12月14日，在她出生后的一个星期，她的父亲，英国国会下议院的议长，赫尼奇·芬奇（Heneage Finch）便去世了。由于她学过拉丁语、希腊语和希伯来语，所以她能够与亨利·莫尔通信，亨利·莫尔曾是她的兄弟在基督书院的导师。莫尔非常尊重她在知识领域的成就。她20岁时与爱德华·康韦（Edward Conway）结婚，婚后仍然与莫尔保持通信。莫尔在信中写道“没见任何人，男人或女人，像康韦夫人那么有天赋”。

她学习哲学并有可能转为贵格会成员的动机之一是，她需要一个好的、强大的神的存在，从而调和世界上的痛苦和经历。安妮终身患有极其严重的头痛病，她甚至曾经割颈部静脉来寻求解脱。

性别和早期现代女性哲学家

为什么性别是早期现代哲学研究的一个重要课题？

总的来说，在17世纪，社会和家庭生活以及对于性别的观念与我们现在所持有的观念完全不同，所以这是早期现代哲学重要的社会背景。有趣的是，17世纪所有著名的哲学家——笛卡儿、斯宾诺莎、莱布尼茨、霍布斯以及洛克都是单身汉，在他们的整个生活圈子以及哲学和科学领域的绝大多数同事也都是单身。

为什么17世纪伟大的哲学家和科学家都是单身汉？

在那个时期，他们中的一些人要么比较贫穷（例如笛卡儿、斯宾诺莎、洛克），要么因为一些人是神父（马兰·梅森神父皮埃尔·伽桑狄神父）而被禁止结婚，或是因为做学问的男人不能有自己的家庭这一传统的影响。例如，当时牛津大学的教师不准结婚，格雷沙姆学院的7个研究员均是单身汉。还有一个原因可能是当时盛行的有关妇女特性的观念。妇女不能成为学者，人们认为妻子和家庭生活会分散男人在学习上的注意力，而性关系会削弱学者的智力。

为什么早期现代科学家和哲学家的单身状态很重要？

毫无疑问，独身状态的缺点是缺乏长期的亲密关系，缺少成年以后与子女和家庭生活的经历。但是单身的生活方式在当时会有助于人们从个人的角度看待世界，认为其他哲学家总是同自己有相同的性别。

婚姻可能会改变17世纪哲学家的感情生活吗？

答案不明确。在17世纪，长子拥有继承权，即长子继承父亲的所有遗产，这是当时的规范准则。约1/4的中产阶级家庭里的小儿子没有结婚，因为他们负担不起家庭，也未能找到拥有大量嫁妆的新娘。儿童死亡率占活胎出生婴儿的30%～50%，结婚后20年夫妻双方都健在的可能性微乎其微。

这些统计数字表明，家庭关系更依赖于人的角色，而不依赖于基于鲜明个性的个人感情（在现代早期，人们不会因为我们现在所认为的浪漫关系而结婚）。但这不是说男性和女性之间没有稳固的终生友谊。哲学家如勒内·笛卡儿、约翰·洛克和戈特弗里德·威廉·莱布尼茨都长期和女性通信。但很难说他们是否知道我们所谓的“爱”。

生活在17世纪的人们对女性的普遍观点是什么？

在17世纪的欧洲，大家仍然认同亚里士多德提出的女性是不完善的男性这种旧的观念。区分两种截然不同的性别的现代生物科学在当时尚未出现。虽然18世纪和19世纪以生物学为基础的性别区别认为妇女的能力天生就是有限的并且是劣于男子的，但是他们至少是注意到了男性和女性的明显区别。

亚里士多德的观点被称为“单性别理论”。许多严肃的、受人尊敬的人体理论学家坚持认为，女性的生殖系统只不过是男性生殖系统颠倒的形式。像亚里士多德一样，他们认为，女性生来就比男性体寒，湿气重，而且在每一个方面都弱。此外，妇女被认为是具有性欲望的、积极主动的性别，而男性在性的方面往往被认为是无助和脆弱的。

医学观点认为，血液、精液和脑脊髓液都是基本的重要的物质或液体，尽管他们以不同的形式存在。性交不仅经常被视为是一种损害身体的行为，男性射精也被认为是脑组织经过脊椎并通过阴茎排出的过程——这是男性哲学家保持单身的非常重要的原因。此外，妇女被认为是一些问题的源头，例如性病、无人收养的孩子以及繁重的财政负担。人们对于女性的性力量的负面观点是如此巨大，乃至他们认为女性要对男性的阳痿负责。

在17世纪女性会反对这种负面观点吗？

当时很难看到女性有许多反驳的机会。奥利弗·克伦威尔（Oliver Cromwell）在英国掌权之前和之后，公众的娱乐消遣和行为往往被看作是“淫秽”的。1688年，国王威廉三世荣升宝座，清教主义主宰公共道德，尤其是在中产阶级中。对于一些妇女来说，这不是一个好消息。如成功的剧作家埃尔芙若·贝恩（Alphra Behn）写道：“虽然我痛惜奇妙变化/这让我的存在有意义但却绝望。”

早期现代男性哲学家考虑过女性在写作中的地位吗？

是的，笛卡儿在法国撰写《方法论》时费尽了心思，这在一定程度上是因为他想让妇女看懂这本书，而当时的妇女并不学拉丁文。霍布斯认为妇女在自然界的原始状态时，她们同男人一样强壮和自由。他还说，妇女的同意应该是人们结婚的必要条件。他还提到了妇女的力量。他把妇女称为“女主”，认为如果她们养育了子女，而不是把孩子抛弃让其听天由命，那么孩子应该听从这些“女主”。

约翰·洛克认为，国王神圣权利的教义建立在亚当的遗传基础之上，这完全忽视了母亲的存在。他把婚姻描述为一种为了保证生育和抚养子女的伙伴关系，并且说，一旦孩子长大成人之后，夫妻双方如果愿意，可以分道扬镳。洛克的表弟写信问如何教育子女，在给他的回信即《论教育》中，洛克指出女孩应该接受像男孩一样的基本教育。

但即使在“狂野时代”的保守党复位期间（那时性欲可以被自由讨论，性关系和欲望在体面社会中被认为是自然的、可以接受的），贝恩的那种毫不隐晦的诗歌和戏剧也没有超越女性是危险的性别这一传统观念。在她的诗“失望”中，她讲述了当莱赛德见到了极具魅力的克劳瑞斯时，他却阳痿了。克劳瑞斯跑开了，因为“羞臊和耻辱”而红着脸。贝恩写道：“牧羊女的魅力/她柔软的妖媚的影响/诅咒他进入无能的地狱。”

玛丽·阿斯特尔为早期现代哲学作出了什么贡献？

玛丽·阿斯特尔（Mary Astell）借助笛卡儿的观点批评习俗，坚持传统本身并不能为已婚妇女的从属地位提供有力的支持。她写道：“世界的习俗，一般来说，都让妇女进入隶属的地位，这一点不可否认。但是不能认为事实就是正确的，就像邪恶占主导也不能说明邪恶正确一样。”敢于批评习俗来支持一个不受欢迎的说法，这确实是一个重要的思想创新。

阿斯特尔对作为女性天生就能运用理智这一点非常感兴趣。她认为妇女能在智力上和道德上找到自己的宗教救赎。她的观点针对的是不为女性提供与男子同等教育的人们的普遍做法。她在《关于女士的严肃提案》（*The Serious Proposal to the ladies*）中，提出了建立一个上层阶级的妇女学院，为她们的智力活动和宗教服务。她的理由是可以通过教育纠正妇女的错误。

玛丽·阿斯特尔的生活是如何影响她的写作的？

阿斯特尔一生未婚，并在伦敦和有着相似背景的妇女社区成员共度成年生活。她著名的话语是：“整个世界就是一个孤单老妇的家庭。”但她从来没有公开谴责妇女在婚姻中的从属地位，因为她相信慈善服务和妇女在家庭生活中的无私角色。她对那个时期的婚姻本质的反对主要在于男人为了物质收益或临时的性激情而选择妻子，她希望丈夫和妻子之间有一个友谊的纽带。

伊丽莎白·艾斯图博的与众不同之处是什么？

伊丽莎白·艾斯托布（Elizabeth Elstob）是第一位编撰了盎格鲁—萨克

逊语法的专家学者。她在《圣格里高利生日的英语布道》(*An English-Saxon Homily on the Birthday of St. Gregory*)的引言中,论证了对妇女进行教育是有益的,因为学术研究本身是有益的。

《捍卫女性的散文》是什么样的作品?

在《捍卫女性的散文:男人的篡夺和习俗的暴政(此处尤指英国)》[*An Essay in defense of the Female Sex: The "Usurpation of Man; and the Tyranny of Custom" (Here in England ,Especially)*]中,直接攻击了婚姻。约翰·洛克的经验主义认识论被用来搜索两性之间不平等的社会原因。笔者没有说女性和男性一样好,他声称是由于他们在智力上的优势显得他们更优越,这是天性使然。作者宣布,男子通过剥夺妇女受教育的权利并通过家务劳动来限制她们,他们共同谋划保持妇女的从属地位。然而,文章的结论是,妇女所做的家务事比男性取得的任何成就都更重要!

六 启蒙运动时期

▶ 什么是启蒙哲学？

启蒙哲学形成于18世纪左右的启蒙运动时期。在此时期，哲学家的思想在文化领域占有支配地位，这与中世纪时期宗教占统治地位以及19世纪和20世纪科技占统治地位形成了鲜明的对比。

▶ 什么是启蒙运动？

对当时的人们以及后人而言，启蒙运动意味着理性时代的到来。启蒙运动不仅限于人类的智力活动，还对绘画、文学、宗教、科学以及政治产生了深远的影响。在美国独立战争（1775—1783年）和法国大革命（1789—1799年）期间，启蒙运动达到了顶点。尽管拥有共同的启蒙运动思想主题，但因各国所处历史环境有所不同，从而产生了各具特色的独特思想。而且，自18世纪上半叶至下半叶，启蒙思想有了显著的发展，这主要是由于美国独立战争和法国大革命之前及其间所发生的一些重大的社会政治变革产生的影响。

▶ 启蒙运动的共同思想主题是什么？

启蒙运动共同的思想主题包括如下的一组价值观念：

1. 深刻影响所有价值观的是对理性重要性的强调，以及通过理性来探究人类本性和社会理想形式的重要性。

2. 相信人性本善，而且人的善良本性可以通过革除腐朽的制度来再现。

3. 倡导全面的世俗化，弱化传统基督教的超越性。

4. 推崇基于人性本善的全新美学和伦理学思想。

5. 或许最重要的是，使人们对人类的发展和进步有强大的信心；笃信当下优于过往，未来胜于当下。

然而，在启蒙运动的思想家当中，没有一个人完全直接地表述出这些启蒙运动的思想主题。他们几乎都运用理性思考并结合才智，去验证和发展自己的思想。但是，有时这些思想本身会带来无法预见的结果。那就是，这些启蒙运动时期的天才们，有时候思想发展得太远，或者是不能彻底全面地考虑问题。因此，当进步思想和人类理性理想枯竭之时，怀疑论、厌世观和浪漫主义便开始疯狂地盛行起来。

启蒙运动时期的“理性”指的是什么？

理性是人们拥有的一种普遍能力，这种能力是由逻辑和科学知识带来的。理性要求人们摒弃迷信和压迫制度，诸如君主专制和宗教教条主义。

启蒙哲学家和其他知识分子有明显的区别吗？

两者并无明显差别。启蒙哲学家和其他知识分子都影响了当时的思想和理念。然而，在众多哲学家中，久经历史考验而成为目前哲学代表人物的却仅限于乔治·贝克莱、大卫·休谟、托马斯·里德（Thomas Reid）、杰里米·边沁（Jeremy Bentham）、让-雅克·卢梭（Jean-Jacques Rousseau）、伊曼纽尔·康德和詹巴蒂斯塔·维柯。虽然约翰·洛克可以追溯到17世纪，但他与启蒙运动密不可分。可是在那个时代，其他领域的作家和名人，诸如伊森·艾伦（Ethan Allen）、孔多塞伯爵（Marquisde Condorcet）、丹尼斯·狄德罗（Denis Diderot）、乔纳森·爱德华兹（Jonathan Edwards）、本杰明·富兰克林（Benjamin Franklin）、霍尔巴特男爵（Baron d' Holbach）、托马斯·杰斐逊（Thomas Jefferson）、约瑟夫-玛丽·马斯特尔、查理·路易·孟德斯鸠男爵（Charles-Louis de Secondat, Baron de la Bredeet de Montesquieu）、托马斯·潘恩（Thomas Paine）、约瑟夫·普里斯特利（Joseph Priestly）、亚当·斯密（Adam Smith）、玛莉·渥斯顿克雷福特（Mary Wollstonecraft）、威廉·葛德文

（William Godwin）和伏尔泰，他们也都是促成当时哲学学术气氛的重要代表。

是不是所有18世纪的思想家都赞成和支持启蒙运动的思想主题？

人们熟知弗里德里希·席勒是德国伟大的浪漫主义诗人和剧作家，而实际上，他也是一位哲学家，在伦理学和美学方面有大量著作。（图片来源：艺术文献库）

不是。一些思想家具有反传统、反启蒙运动一般理性精神的浪漫主义思想，诸如作家塞缪尔·泰勒·柯勒律治（Samuel Taylor Coleridge）、约翰·沃尔夫冈·冯·歌德（Johann Wolfgang von Goethe）、约翰·戈特弗里德·赫德尔（Johann Gottfried Herder）、戈特霍尔德·埃夫莱姆·莱辛（Gotthold Ephraim Lessing）、弗里德里希·席勒（Friedrich Schiller）和威廉·华兹华斯（William Wordsworth）。也有另外一些启蒙运动的“悲观主义者”，他们不赞同“进步的信念”这一时代特征。例如，哲学领域的詹巴蒂斯塔·维柯、埃德蒙·伯克（Edmund Burke）和约瑟夫–玛丽·马斯特尔；文学领域的威廉·科伯（William Cowper）、肖代洛·德拉克洛（Choderlosde de Laxlos）、萨德侯爵（Marquis de Sade）和乔纳森·斯威夫特（Jonathan Swift）。

乔治·贝克莱

乔治·贝克莱是什么人物？

乔治·贝克莱是近代理想主义的奠基人。不同于17世纪的唯心主义先驱尼古拉斯·马勒伯朗士和戈特弗里德·威廉·莱布尼茨，贝克莱并不是理性主义者。总的来说，贝克莱是赞同科学和经验主义的，他也是英国近代经验主义三大哲学家之一，另两位是大卫·休谟和约翰·洛克。

贝克莱出生在爱尔兰基尔肯尼郡，从11岁开始，他在基尔肯尼大学就读四年。之后他前往都柏林圣三一学院开始了历时四年的大学生活。1707年，他被选为研究员，任职到1724年。他于1709年出版了第一本著作《新视觉论》（*An Essay Towardsa New Theory of Vision*），随后在1710年出版了《人类知识原理》（*Treatise Concerning the Principles of Human Knowledge*）。1713年他搬到英国伦敦，出版了《希勒斯和斐洛诺斯的三篇对话》（*Three Dialogues between Hylasand Philonas*），这是他第一本广受欢迎的著作。后来经著名评论家、讽刺作家乔纳森·斯威夫特引荐给了安妮女王（Queen Anne），贝克莱与当时的文学精英们结为至交。

乔治·贝克莱家乡：爱尔兰基尔肯尼郡托马斯镇戴萨特城堡（图片来源：艺术文献库）

1713年，贝克莱作为大使的专职牧师出游意大利西西里岛。他接下来的身份是英国北爱尔兰德里主教圣乔治·艾舍的助教，这使他有机会遍游了欧洲。1721年，他撰写了《论运动》（*On Motion*）和《论如何防止大英帝国毁灭》（*An Essay Towards Preventing the Ruin of Great Britain*）。在《论如何防止大英帝国毁灭》一书中，他提出1721年前后发生的金融危机[即南海泡沫事件，因过度投机导致的股市崩盘]是宗教和道德衰落的结果。1723年，他从一个叫埃斯特·范贺姆利（Esther Vanhomrigh）的女人那里继承了一笔意外财产。埃斯特·范贺姆利是有着荷兰血统的爱尔兰人，长期和乔纳森·斯威夫特保持通信和情人关系，乔纳森·斯威夫特在诗中称她为"凡妮莎"（贝克莱称对他而言，凡妮莎是一个完全陌生的人）。

1724年，贝克莱被任命为德里教区的教长，这一职位给他提供了财政上的保障。他的梦想是在美属百慕大群岛创建一所可接纳黑人和印第安人的基督学院，使他们像白人一样具有同样接受教育的资格。他为此工程到处筹集资金，但资金不足，使其无法成为现实。英国议会曾承诺给他拨款2万英镑，但是这笔拨款一直没有兑现。

贝克莱于1728年结婚，之后和妻子安妮前往美国罗得岛州。他发现这里更适合建立新学院，于是他创办农场，并为未来的学院种植庄稼。贝克莱夫妇在罗得岛生活三年后，返回伦敦。1732年，贝克莱在《渺小的哲学家》(*The Minute Philosopher*)一文中捍卫了基督教教义，并于1734年在《分析学家》(*The Analyst*)一文中称数学比宗教更加故弄玄虚。同年，他被任命为爱尔兰克莱因主教，返回爱尔兰，直至1753年他在牛津大学探望其子之时逝世。

▶ 乔治·贝克莱的新视觉论是什么?

贝克莱与法国哲学家勒内·笛卡儿一样，试图为距离的感知作出解释。笛卡儿在《屈光学》(*Dioptrics*)一书中指出，天生具有的几何学知识可以使从未学过几何的人测算出距离，他们的双眼和可视物体之间的光线形成三角形，通过算出这个三角形的高度可以计算出距离。爱尔兰自然哲学家威廉·莫利纽克斯(William Molyneux)认为，距离即是从物体到人的眼睛的长度，本身并不可见。贝克莱以威廉·莫利纽克斯的观点为基础进行推论：既然人所见的是二维物体，它与距离的关系是偶然的，在所触和所见之间，依赖的是人眼睛的感知和头脑的联想。这些联想依赖的则是以往的经验。

贝克莱关于“视觉如何起作用”这一问题推理的总体结果是：视觉感知是一种活跃的和经验性的过程。他也对约翰·洛克的观点进行了批评，认为由视觉而来的观念和由触觉而来的观念并无共通之处。

为什么贝克莱被认为是脱离常规或是一种障碍呢?

贝克莱之所以被认为是脱离常规是因为他的观点违背常识，荒谬到可以不予理会的程度。他成为某种障碍是因为他创建了一种强大而持久的思想流派，该流派主宰了19世纪哲学的某些领域，且发展成20世纪甚至21世纪错综复杂的进步运动。

▶ 乔治·贝克莱的视觉论与物质和物质存在的概念有何关联?

贝克莱以其视觉论闻名于世,其视觉论为现代认知心理学发展作出了诸多贡献。但是,在此理论中,他完全否定了经验主义的首要观点,即物质。贝克莱背离常识和科学,巧妙地否定了其他经验主义哲学家所承认的物质在客观世界的存在,这些经验主义哲学家包括霍布斯、洛克和休谟及后来的约翰·斯图亚特·密尔和伯特兰·罗素(Bertrand Russell)。对于哲学历史上任何一个严谨的学者而言,贝克莱的立场决定了他要么是令人愉悦的脱离常规,要么是棘手的障碍。

▶ 贝克莱的唯心主义使谁困惑?

贝克莱的唯心主义困扰了一些持有如下观点的人,即认为外部世界是可被感知的现实存在。对于许多科学家而言,贝克莱的唯心主义也是悖论,因为他们为了使自己的研究"客观事实"的工作有意义而必须相信"客观实在"。

▶ 乔治·贝克莱所谓的"存在即被感知"是何意?

贝克莱认为世界只存在三种事物:心灵、观念和上帝。天使也是心灵,是另外一种把世界划分为心灵和观念的方式。人类、天使和上帝都是心灵。其他一切都是观念。没有什么已知的事物是存在的。但如果存在的仅仅是心灵和观念,那世界又从何而来呢?

贝克莱认为我们所设想的外部世界是观念一个个地不断叠加到我们所感知的观念中去的。贝克莱认为世界上存在的只有能进行思考的心灵和不能进行思考、只存在于心灵之中的观念。物质是不存在的,因为它被证明是一种没有性质的物理客体。我们能够感知到主观存在的观念。如果不被心灵感知的话,没有任何观念是可以存在的。贝克莱的名言是"存在即被感知"。外部世界自身是一种孤立的观念,仅仅是一种观念。此外,我们认为所了解的许多观念可以用来说明外部现实的存在,可实际上这些观念仅仅是与我们感知到的观念结合而生的一些特殊观念。例如,"实在"和"物质实体"这两个观念只是单词而已,在外部世界中并无与之相符的事物。在贝克莱看来,"实在"只是另一种观念,这种学说使他成为卓越的唯心主义哲学家。

偶因论是什么？

偶因论认为现实生活中没有什么事情会引起其他任何事情。上帝决定一切，上帝创造世界时已决定这一切。因此，当一个台球撞击另一个台球时，被撞击的球会移动；但是在这一过程中，第一个球并没有导致第二个球移动，因为第二个球已经按照自身设定的路线移动了。偶因论认为所有的事物就像两台相互作用的时钟，它们肩并肩且相互交错。当快钟的表针向前移动时，看似在拖着慢钟向前走。

为什么说“观念”对贝克莱很重要？

让我们从这个意义上去理解，“观念”是一种术语，其意思是头脑中的某种抽象事物。贝克莱的形而上学始于一种假设，即我们都曾了解我们心中的观念（这也是观念之所以重要的原因之一）。我们倾向于作出这样的假设：对于某些事物，就是假如我们有特定词汇去描述它，那么我们就会形成对该事物的观念。然而，有时我们却欺骗自己，因为我们的许多词汇很空洞，无法形成相应的观念。我们只是因为习惯了以某些固定的方式去使用语言，但这并不意味着所有词汇都是纯概念性的，词汇也并不能指称所有观念。我们以抽象和普通词汇为例，如“人类”“纯洁”“动物”和“物质”。显而易见，我们头脑中并无相应的观念对这些词汇作出反应。所有的观念都是关于特定的事例或是特定事例的结合体。我们缺少创造新观念的能力，因为只有上帝才有这样的能力，我们的能力仅限于以新的方式组合现有观念或是创造现有观念的仿制品。

根据乔治·贝克莱的观点，有哪两种类型的观念？

贝克莱认为，观念只存在于那些能感知到它们的心灵中。人类所知的两种类型的观念：一是感知观念，即从外部世界进入心灵的观念；二是想象观念。尽管上帝从无到有创造了所有观念，但上帝并不具有感知观念，因为世上没有任何事物可以影响上帝。上帝只具有想象观念。

观念自身并无作用,所有观念都是被动的。只有心灵才能起作用,所有观念都必须存在心灵中。无心灵便无观念。

谁影响了乔治·贝克莱?

乔治·贝克莱认为,我们的感知观念只有被感知后才能形成实际感念。从我们对事物的感知中,我们也只是以某种形式参与分享了上帝所创造的东西。以此看来,贝克莱关于世界的概念是对尼古拉斯·马勒伯朗士偶因论学说的扩展,并通过戈特弗里德·威廉·莱布尼茨的"先天的和谐"概念得以发展和完善。贝克莱基于这一学说润色了自己的观点,即上帝创造了现实世界,因为我们自身也是上帝在创造其他事物时创造出来的。

贝克莱从而扩展了上帝其作为一种组成实在的力量在人类认知中的存在。尽管如此,贝克莱因其强调感知信息是知识的要素,而成为久负盛名的经验主义者。这些贝克莱并不在意,感知信息并不是哲学家和绝大多数非哲学家所谓的外部世界的象征或征兆。对贝克莱而言,感知信息既不是实物也不是外部世界的征兆,而是由上帝创造并置于我们头脑之中的观念。

贝克莱是如何看待勒内·笛卡儿提出并由洛克完善的物质、广延以及其他主体的?

贝克莱认为,物质和广延(意指某物占据了或表面上占据空间的性能)是抽象的普遍的观念,也就是说那些命名和描述物质的词语指的并不是真实的观念。因为只有观念、心灵和上帝是存在的,贝克莱认为物质和广延是不存在的,因为并无任何真实的东西与之对应。贝克莱还以同样的方式批判了我们假设的因果观念问题和两种物性问题(物质的第一性质和第二性质的区别)。他试图寻找感知观念和想象观念来支持他的说法,但是无果而终。

在因果观念方面,贝克莱基本是偶因论者。

贝克莱的偶因论为何与众不同?

大多数偶因论者认为事物之间真正的因果关系发生在上帝的心灵中。贝克莱并不赞同这一观点。贝克莱认为，我们对可感知的现象产生观念，这通常是由可感知现象的具体观念引起的。但是事物之间的因果关系只是一种假象或幻觉。

▶ 贝克莱是如何看待第一性质和第二性质的区别的？

17世纪的经验主义哲学家认为第二性质是人的主观感觉（观念），即颜色、声音、质地和气味等；第一性质可用数量的方式表现，像组成物体的原子（古代哲学认为：原子是小得不能再分割的微粒）。我们不能感知第一性质，但17世纪的经验主义者认为，第一性质内部原子的相互作用使我们可以感知第二性质。例如，红油漆内部的原子与我们的眼睛相互作用，通过光线，使我

为何乔治·贝克莱如此钟情于焦油水？

一些传记作家称乔治·贝克莱一生一直遭受便秘的痛苦，直到晚年时才从焦油水中找到长效解决痛苦的方法。焦油水是一种从树皮中榨取的树脂。以下文字摘自约翰·蒂姆斯（John Timbs）所著的《世纪奇闻秘事：1760—1860》（*A Century of Anecdotes from 1760–1860*）。

“贝克莱大主教患腹痛时，使用焦油水并从中获益，他还发表了此文《论焦油水之利》（*On the Virtues of Tar-water*）。”在他去世前的数月，他又撰写了一篇题为《对焦油水的进一步思考》（*Further Thoughts on Tar-water*）。一时间，焦油水成了万应灵药，当被质疑时，他回答道：“坦率地说，焦油水是万应灵药，我对此也怀疑。”

休·西摩·沃波尔爵士（Sir Hugh Seymour Walpole）保存了有关贝克莱治疗方法的碑文：“谁胆敢嘲弄虔诚的贝克莱所做的一切？教会将为其奋起维护。他昭示我们所有的主教都是牧羊人，虔诚的牧羊人用焦油治愈了病痛的羔羊。”

们产生了对红色的体验。但是贝克莱否认了第一性质和第二性质的区别，因为没有第二性质（颜色、质地、声音和气味等）的观念，就不会存在第一性质（数量、广延、体积）的观念。

▶ 贝克莱是如何回答“森林中树木的倒塌是否产生声音”这一问题的？

贝克莱认为，对物体而言，我们只有在对它们的感知性质形成观念的情况下，才能感知它们的存在。如果我们感知不到那些性质（例如，森林中树倒塌的声音），它们在我们的观念中就是不存在的。尽管如此，我们并不能因此断定树没有发出声音。我们对感知性质形成的观念源于上帝，因为上帝创造了它们。假如森林里一棵树倒塌，而上帝创造了它倒塌的声音，那么上帝心灵中的观念就会保证声音的发生，尽管人类无法感知它。贝克莱将同样的推理用到了这样一种情况，那就是无人住的房间将会持续存在，即其会作为上帝心灵中一系列观念而存在。

▶ 贝克莱是怎样批判牛顿学说的？

贝克莱认为我们并没有脱离具体事物而绝对运动的观念，或是脱离具体距离的绝对空间。他认为牛顿关于在一定距离上的力和运动的假说对数学计算或许有用，但并没有理由断定其为真理。

大卫·休谟

▶ 大卫·休谟是什么人物？

大卫·休谟是西方传统意义上的第一位哲学家，因为他的思想体系没有依赖上帝而创建。他的无神论不仅仅是个人的信仰，也是基于应用怀疑论，去要求人们通过推理证实上帝存在是可知的。休谟将他的怀疑论扩展到关于世界知识的本质问题上，同时也说明我们对于因果和未来的知识是多么的有限。他是第一位现代的、彻底的自然哲学家。

对于大卫·休谟的生平我们了解多少?

休谟1711年生于苏格兰爱丁堡。他父亲是霍姆伯爵(Earl of Home)的远房亲戚,而他母亲的近亲都是律师,所以大卫·休谟最初打算学习法律,但后来他发现自己对法律并不感兴趣。他15岁时离开爱丁堡大学并开始阅读和思考哲学。之后因迫使自己进行高强度的数年学习,不得不于1734年在医生的护理下进行身心调养。随后,他在哲学上取得了重大突破,同时也为英国布里斯托的一位商人工作。此后,休谟前往法国安茹的拉弗莱舍定居3年,拉弗莱舍是勒内·笛卡儿的母校所在地。在法国定居期间,休谟于1739年匿名出版了《人性论》(*A Treatise of Human Nature*)一书。但是这本著作并没引起当时知识分子的重视,后来休谟自己也这样描述,"媒体对这本书的反应是一片死寂"。

休谟希望被人们认可,因此他在1740年继续匿名写下了《人性论摘要》(*An Abstract of a Treatise of Human Nature*)。他试着将之前的冗长著作缩短并精简以吸引更多读者,即便经过这样的努力,他依然没有成功地使人们重视《人性论》一书。他的下一本主要哲学著作是1748年的《关于人类理解力的哲学论文》(*Philosophical Essays Concerning the Human Understanding*),此书在1758年改名为《人类理解论》(*An Enquiry Concerning Human Understanding*)。接着1751年他出版了《道德原则研究》(*Enquiry Concerning the Principles of Morals*)。该书比《人性论》更加清楚明确地提出了反宗教思想。他的《自然宗教对话录》(*Dialogues Concerning Natural Religion*)很可能写于18世纪50年代,但该著作却是在他死后才出版的。

制作于1854年的大卫·休谟塑像,他寻求创建一种心灵科学。(图片来源:iStock图像)

休谟的研究还涉足历史、经济、伦理学和政治哲学。他的著作《大不列颠史》(*History of Great Britain*)体现了他对哲学深刻全面的研究,也因此使得他被人们认可并闻名于世。即使如此,他也不断为得到苏格兰爱丁堡大学和格拉斯哥大学哲学教授的职位而努力,但最后都以失败告终。从1746年起,他担任了圣克莱尔将军的秘书,并在这一职位上工作了3年。在工作期间,他有机会前往法国布列塔尼和意大利都灵。休谟在1752年回到爱丁堡,担任了5年的爱丁堡大学图书馆馆长。之后,他成为英国驻法国巴黎大使兼副国务卿的私人秘书。

▶ 大卫·休谟哲学上的远大理想是什么?

休谟试图使用经验论方法创建一种心灵科学,好比艾萨克·牛顿以同样方式创建的自然科学一样。

▶ 休谟是如何在哲学上创建他的心灵哲学的?

休谟总结和应用了许多学科知识,并遵循两大主要原则:第一,我们所有的知识是我们心灵活动的感觉印象或是感觉反射;第二,没有任何实际的真相可以被证明为是先验的。正如休谟指出:“人类心灵所有的感知可以分为两种不同的类型,即我所谓的印象和观念。”

他认为自然世界的科学和人类社会的信仰都是实证调查的结果。数学和逻辑学原理是未经实证而知的,基于此,这些知识关乎的不是外部世界,而是人类的心灵活动。我们的感知信息赋予我们直接的事实性知识,它比我们的观念更容易让人信服。正如休谟所言:“最生动的思考还不如最乏味的感觉。”

休谟在创建心灵哲学的过程中并没有使用过去的哲学课题,也不包括对这个世界或是下一个世界活动的推理。以下是休谟的总结:

> 假如我们把任何一本书拿过来看,要么是神学的,要么是形而上学的。我们不禁要问:它包含任何关于数或量的抽象推理吗?不包括。它包含任何关于事实和存在的实验推理吗?不包括。那就把它投进火中吧,因为它除了诡辩和幻觉之外什么也没有。

是什么困扰了大卫·休谟对因果关系的分析?

休谟反驳了因果之间有必然联系的科学和常识观念。他说,在观察两颗互相撞击的台球的时候,不管我们观察时离得多近,都看不到第一颗台球发出的某个动作使第二颗球作出某种必然的反应。只有凭借经验我们才能了解到因果之间的关系。因此我们不能说一个事物造就了另一个事物,我们所知道的只是一个事物跟另一个事物可能有所关联。休谟在这里提出了"因果关系恒常连接理论"。因此,我们并没有理由相信一个事物造就了另一个事物,两个事物在未来也不一定会一直"互相连接"。我们之所以相信因果关系并非因为它是自然的本质,而是因为我们所养成的心理习惯和人性所造成的。例如,人们对面包形成的观念是与营养的观念联系在一起的。

休谟是怎么看待自我的?

众所周知,休谟否认自我是作为物体或是灵魂存在的。他写道:"对我来说,当我最了解所谓的自己时,我总是依靠一些特别的感知,如冷热、光影、爱恨、痛苦或愉悦。没有感知的话,任何时候我都不会了解自己,除了感知也不会观察到任何事物。"他解释说一个人所谓的"自己"仅仅是感知的包裹,人只不过是由许多不同的感觉累积而成的一个集合或一个包裹,这些感觉永远在一种快到无法想象的速度中互相交换着。

休谟的归纳推理是什么?

休谟引入了一个关于我们如何从过去或现在到未来的推理问题,此问题至今仍然困扰着科学哲学家和认识论学者。他指出无论我们过去的经验多么丰富,否认过去发生的事情会在未来发生并不是逻辑矛盾。举例而言,如果依据过去的经验太阳总是从东边升起而从西方落下,那么归纳推理就会告诉我们太阳在未来可能还是会从东边升起而从西方落下。但我们怎么解释我们有能力作出这样的推论呢？倘若依据过去的经验，一个对象经常出现的惯常行为，就如太阳每天升起落下一样，休谟的回答是：我们并不能因此确定其在未来还会如此。再举例说明，在氧气中摩擦可燃物质总会导致燃烧，但是或许在未来氧气、可燃物质与摩擦这种组合将不会引发燃烧。

休谟归纳思考的原则在于我们过去的行动不可以作为未来行动的可靠指导。他主张，即便我们有足够的能力预测未来，并且我们已经在以往的经验中证实了相关的知识，我们也无法知道未来会和过去一样。当然，他也是非常审慎的，没忽视任何的可能性。他的批判是基于确信未来的理念上的。

▶ 休谟的从自我到感知的归纳存在什么大问题？

总的来说，休谟将心灵看成是剧院舞台，观念穿梭其中，每一个观念都是独立的知觉或逻辑关系的"存在"。各种知觉就像演员一样在这个舞台上持续不断地相继出现：有的知觉在舞台上倾心沉醉，有的不发一言，有的兴致勃勃，有的忧郁苦闷。但休谟并没有论述观众会是谁以及谁有资格进入剧院。他所寻找但最终没有发现的是在单一独特方式下的一种反省的对象，以此证明"自我"。在寻找"自我"时，他并没寻找"反省者"或"我"。他单纯地假设当一个人了解自己的时候，此时的反省者并不是自我。另外一种表述休谟分析的方式就是，自我分析并不能解释自我分析的过程或是反省自己的观念。但是休谟没有考虑这样的事实，即他所反省的事情本身就是"自我"的含义。

休谟相信神迹吗？

或许不信，尽管他并没明确否认过。休谟的观点直指评价神迹的真实性。这样的评价必然涉及神迹的目击者及目击者所描述的时间和空间的可信性。他认为假如有人报道了神迹的发生，我们首先要问这样的问题：基于我们所认知的世界，神迹发生或没发生，哪一种可能性更大？

休谟关于宗教的观点有何新意?

在《自然宗教对话录》(*Dialogues Concerning Natural Religion*)一书中,他反驳了以先验和经验证明上帝的存在。这是对宗教信仰理论基础的攻击。他也反对勒内·笛卡儿的本体论或先验论,休谟对"为什么凡是开始存在的东西都有其存在的原因"的普遍命题表示怀疑。也就是说,假定任何事物的不存在,包括上帝,这并不是逻辑矛盾。

他的经验论主要指向宇宙哲学论和设计论。他反驳宇宙哲学论世界必然有造物主的观点,休谟认为我们还不具备关于世界起源的足够知识,无法去证明这一假说。最古老也最常被用来主张上帝存在的论点是"设计论",即世界上的所有秩序以及所有事物的"目标"都已经被上帝所预先设计好了。自然现象存在着错综复杂的秩序,犹如机械或工艺品的情形。这就为这样的想法提供了证据:必定有一位对自然事物的构造和适应秩序负责的设计者,他具有远胜于人类才能的能力。因此,我们可以合理地假定:上帝作为这位设计者而存在。休谟对此的回答是,我们没有理由和根据能从任何一件小事到整个世界自身推理出真有造物主。如果休谟的论点成立,那么留给宗教信仰的唯一缘由就是那些纯洁的信仰了。

休谟的情绪理论有何与众不同之处?

尽管当涉及知识问题时,休谟更赞同理性而不是信仰,但当涉及人类心理学问题时,他笃信最初是由情绪或激情赋予我们动机,而理性总是为这些情绪服务的。与巴鲁赫·斯宾诺莎不同,根据我们所感觉到的也是我们相信的结果,他对情绪理论并没有认识。休谟曾这样写道:"理性是,且应该只能是情感的奴隶。"

休谟认为我们有自由意志吗?

是的,休谟相信自由意志的存在,但他认为自由意志是以一种奇怪的方式存在着。他认为自由是因为我们被现有角色所决定的这一事实。如果动机和行动之间没有因果联系,那么褒贬就不存在道德基础。也就是说,我们不会因为别人无心或是偶然做的事而去赞扬或是责备他。对休谟而言,自由在于自发自由和不受强制。自发性不同于无差别性,自发性的产生可能是由于缺少做事的缘由。他曾写道："自由，意味着一种行动或不行动的力量，取决于意志的决定。除了囚犯和戴着镣铐的人，现在这种假设的自由属于每个人。"

休谟是一个怎样矛盾的人？

休谟曾写过这样的一句名言："作为哲学家，身处各种哲学之中，但要记住自己是个凡人。"休谟这样描述自己："性情温和，控制欲强，坦率，善交际，开朗幽默；喜依恋，但爱憎分明，淡定自如。"在他患癌症的最后弥留之际，他的至交亚当·斯密去看望他时，他镇定自若，对自己的无神论没有丝毫悔意，他表示假如有来世的话也不愿有宗教信仰。事实上，他终其一生和蔼可亲，笃信理性。休谟是一位平静且温和的哲学家，在英国和法国以"好人大卫"（the Good David）而为众人所知。

但是，关于节制，我们知道休谟酷爱美食美酒，以致他的体重达到了136公斤。关于他是否是温和的人，他与让-雅克·卢梭的"友谊"或许会给出另外的解答。1766年卢梭在英国得到了庇护，在很大程度上是由于休谟的帮助，但是很快休谟就为此后悔。虽然当时休谟已在巴黎沙龙享有很高的声誉，但是卢梭也是久负盛名的世界名人。卢梭当时经济困窘，对公众舆论也很敏感，他的奇装异服常常被保守的英国社会所嘲弄，休谟对此置若罔闻。很快卢梭开始怀疑和休谟的友谊，指责他背信弃义，休谟非但没有让此事平息，还公布了他与卢梭的信件。一些好友深知卢梭所遭受的苦难，曾劝告休谟不要这样做，但是休谟并没有听从好友们的劝告。公开发表信件之后，休谟还否认是他自己公开了这些书信，这些事情不但毁了休谟和卢梭之间的友谊，还招致了人们开始怀疑休谟的亲善、理智和潜在的动机。

让-雅克·卢梭

卢梭是什么人物？

让-雅克·卢梭是一位具有独创思想的政治哲学家，他对推动法国大革命作出了比其他人更重要的贡献。另外，他还是一位锐意创新的小说家，拥有庞大的读者群，有些人甚至深陷其角色而不能自拔，有些人还自己封闭起来品味他的新作。基于这些原因，可以说卢梭是第一位现代哲学名人。

卢梭的生平如何？

纵观卢梭一生，似乎他的生活总是充满戏剧性，尽管他也曾在写作中找到过心灵上的安定。卢梭1712年生于瑞士日内瓦，而且他一直认为自己是那里的公民。他的母亲在他出生9天后就离开了人世。他的父亲则是一位平凡的钟表匠，实际上，卢梭是由舅妈抚养长大的。他的父亲也是性情中人，常常阅读言情小说和普鲁塔克的作品。

童年时，卢梭常常遭受来自家庭之外的虐待。他在《忏悔录》（*Confessions*）一书中提到，8岁时他寄宿在一位牧师家中，受到牧师的妹妹女教师兰贝尔斯的鞭罚，带来“肉欲的快感”，“正是这种惩罚注定了我终生的趣味、欲望和感情”。12岁时，他就去做了学徒，先跟随了一个公证人，再跟一个镂刻匠，饱受虐待。16岁时，卢梭只身离开日内瓦，遇到了天主教贵妇人华伦夫人（Francoise-Louisede Warens），她后来成为卢梭的情妇，也是华伦夫人使其皈依了天主教。

让-雅克·卢梭为人性本善辩论。（图片来源：iStock图像）

1742年，他不断地自学和研究，想出一种用数字代替音符的简易记谱法，即以数字来代替音阶，后来他将自己的全新记谱法带到巴黎，呈交给巴黎科学艺术院，但是遭到拒绝。1743年，卢梭担任法国驻意大利威尼斯大使的秘书一职，但因和大使争吵，一年后就离开了。他返回巴黎，开始了与一个叫泰丽莎·雷瓦索（Therese Levasseur）的女裁缝的后半生同居生活。之后，卢梭结识了大哲学家狄德罗，由于有共同的兴趣、爱好和志向，他们之间建立了深厚的友谊。他们彼此都热心于学术工作，狄德罗和卢梭等人便着手合编一部百科全书，卢梭负责音乐部分。随后，他参加了法国第戎科学院关于科学和艺术的进步对改良风尚是否有益的征文比赛。卢梭1750年以《论艺术和科学》（*Discourse on the Artsand Sciences*）为题写了征文，从反对观点进行论述。他赢得了此次论文比赛，因此成为巴黎名人。他的歌剧《乡村先知》（*Le Devin du Village*）深得法王路易十五（Louis XV）的赏识，但是卢梭并没得到法国国王经济上的丝毫照顾，因为路易十五很快就转而支持意大利音乐了。

返回到日内瓦之后，卢梭再次皈依了加尔文主义教派。1755年，他写了《论人类不平等的起源和基础》（*The Discourse on Inequality*）一书，此书导致他与狄德罗和其他资助者的疏远，因为在书中他指出人类大多数的不平等不是自然的产物，而是社会作用的结果。卢梭相信人性本善，他也因此得到了富有的卢森堡公爵的支持。1761年，卢梭出版了爱情小说《新爱洛依丝》（*Julie ou la nouvelle Heloise*）并取得巨大成功。随后，1762年又出版了《社会契约论》（*Of the Social Contract*），又名《政治权利原理》（*Principles of Political Right*）和《爱弥儿：论教育》（*Emile; or, On Education*）。由于他的这些著作受到当时知识分子、教会和国家的批评和反对，因而在法国和日内瓦都被列为禁书。1762年，因为他的政治观点，卢梭开始了逃亡生活，辗转多处，最后于1765年在英国哲学家大卫·休谟的邀请下来到英国。但后来两人相处得并不愉快。最后，卢梭因与休谟之间的分歧愈来愈大而离开英国。

他不得已改名为“雷诺”（Renou）才得以回到法国，重新过隐居的生活。流亡生涯、不安宁的岁月并未影响到卢梭创作。在英国期间，他就开始撰写《忏悔录》，但直到他死后该书全本才得以出版。在应邀为波兰立陶宛联邦的宪法建言献策后，他撰写了《波兰政府论》（*Considerations on the Government of Poland*）。1782年，他的《对话录：让-雅克审判卢梭》（*Dialogues: Rousseau Judge of Jean-Jacques*）和《忏悔录》以及《孤独漫步者的遐想》（*Reveries of the Solitary Walker*）先后出版。他在1778年弥留之际还写了一篇评析格鲁克歌剧《阿尔西斯特》（*Alceste*）的文章。

卢梭最有影响的思想是什么?

卢梭倡导人性本善。他认为，是社会和习俗滋生了人类的恶习和罪恶。例

卢梭是伪善者吗？

根据卢梭人性本善的思想，教育的目的就是培养这种自然之善，在社会中培养自然人。让-雅克·卢梭因此成为他所处时代的最重要的教育理论家。他的《爱弥儿：论教育》一书是卢梭通过对他所假设的教育对象（小男孩爱弥儿）的教育，来反对封建教育制度，阐述他的资产阶级教育思想。这个小男孩是在乡村抚养的，那是一个安宁祥和的世界，爱弥儿直到12岁才开始接受教育。这本书构想的是一个能够挖掘儿童自然天性的渐进的教育过程："大自然希望儿童在成人以前，就要像儿童的样子。如果我们打乱了这个次序，就会造成一些果实早熟，它们长得既不丰满又不甜美，而且很快就会腐烂。儿童有其自身的观察、思考和感受的方式。"书中的爱弥儿学习了木工技术。爱弥儿16岁时，与未婚妻索菲相识。索菲受过良好的教育，乖巧听话，也教授爱弥儿自制克己的道理。

雷瓦索和卢梭生了五个孩子，卢梭将他们一个接一个地送进了孤儿院。那些和卢梭反目成仇的人，如伏尔泰，就曾指出卢梭送进孤儿院的孩子大多都夭折了。卢梭为此唯一的辩解就是他认为自己不是一个称职的父亲。

卢梭的一个朋友曾评论说，《爱弥儿：论教育》中描述的教育课程是不现实的。卢梭如此回复："你说得很对，制造一个爱弥儿是不可能的。但我认为你不该把此书看成是一本真正意义上的教育学专著。相比较而言，此书是一本相当哲学化的著作，它所讨论的正是作者本人在其他著作中所提出的原则：人本来是善的。"

假如卢梭确实没把自己视为教育理论家，那么从这点看来，他作为父亲的所作所为就意味着他并不是伪善者。但是，问题是这种行为是否符合他的"自然之善"还无法定论，也使这个问题趋于复杂。

如，在自然状态，原始的人类有一种完全的自爱之心，但是在社会状态下却变成了他人眼中的“自尊”，或者叫做骄傲和虚荣。在自然状态下，“人人生而自由”；但在社会状态下，私有财产（卢梭将其看成是一种盗窃）也滋生了腐败，导致人处于“无处不在枷锁之中”。卢梭认为在人际关系中存在一种天生的同情，但是这种同情已被贪婪所腐化；也存在一种简单的虔诚，但是这种虔诚已被有组织的宗教所扭曲。

“人性本善”观点是卢梭1750年在《论艺术和科学》（*Discourse on the Artsand Sciences*）一文中和他的小说中提出的。在1762年的《社会契约论》（又名《政治权利原理》）中，他讨论了托马斯·霍布斯和约翰·洛克曾经论述过的原始自由、好政府的设想及其好政府的标志等话题。卢梭指出，在建立契约之前，个人必须放弃自己的特殊利益而完全服从公共意志。作为回报，个人以公民的资格作为完善的国家一分子，其个人权利作为公民得以保护。但是这是一种不稳定的公民模式，因为要求个人利益与公众利益达成一致的同时，个人则会寻求自我利益。

卢梭支持自由社会吗？

不完全赞同。和托马斯·霍布斯一样，他认为社会组织和政府部门的存在对于保护个人自由来说是必需的。一旦他们进入社会契约，公民便保留主权，但是公意或是共同的良善（公益）要由立法者形成法律。公意或公益有时会与多数人意志相左。卢梭对理想社会的构建强调的是其最后实现的目标。他认为对于小型社会而言，直接民主是实现理想社会的最佳方式；但在大型社会中，代议民主制，乃至君主政体却更加适合。卢梭也主张某些形式的国教，因为国教可以凝聚所有公民，为了社会的团结和稳定而参与其中。

托马斯·里德和杰里米·边沁

为什么说托马斯·里德很重要？

托马斯·里德，是苏格兰常识学派的创始人。苏格兰常识学派是18世纪后半期至19世纪初英国的主要哲学流派之一。20世纪，因为乔治·爱德华·摩尔（G. E. Moore）对唯心主义的抨击而重新受到人们的重视。里德在哲学上的基本贡献是其对观念论学说的批评，该学说由前辈约翰·洛克和乔治·贝克莱始创，在他所处时代由大卫·休谟推广。

里德认为心灵存在感觉或观念是不可能的，因为这不能解释物体所呈现给我们的感觉、运动和我们自身的体验。这种理论把心中的观念当作是知识的唯一直接的对象，同时又宣称观念能把它所代表的对象告诉人们，从而陷入自相矛盾的困境。里德认为我们直接认识大千世界的实物，就如我们在常识中设想的一样。例如，打字的时候，眼睛看着电脑屏幕，你并没感知屏幕的观念，而是屏幕本身。他的常识观强调知者直接认识的位置，在心灵中并不存在观念、感觉或印象等中介。

▶ 除了阐释经验主义者的错误之外，托马斯·里德还有自己的理念吗？

答案是肯定的。尽管他在哲学上是一个很容易被忽视的人物，但作为启蒙运动时期的哲学家，他的哲学对西方思想产生过重要影响。他执教于苏格兰阿伯丁国王学院，后又担任格拉斯哥大学道德哲学教授职位。他的主要著作包括1764年的《按常识原理探究人类心灵》（*An Inquiry into the Human Mind on the Principles of Common Sense*）、1785年的《论人的理智能力》（*Essays on the Intellectual Powers of Man*）和1788年的《论人的行动能力》（*Essays on the Active Powers of Man*）。

在拒绝和反对经验认识论之后，里德发展了一种在智力方面的直接论。里德认为我们具有先天的概念和信念的能力。有一些首要原则，我们可以通过其早期外观、普遍性和不可抗拒性识别出来。我们不能否认不可抗拒原则。比如，感觉是心灵的行动，连同印象作用于我们的感觉器官，产生第一性质和第二性质的概念。对气味的感觉表明客体具有引起该感觉的性质。在视觉的分析上，里德推断说眼睛的圆形表面接收数据，但在其内部进行处理。他总结认为视觉空间中定有一个非欧几里得几何的弯曲空间（他比其他人约早一个世纪提出了非欧几里得几何的假设）。

除了感知和记忆能力，里德提出了道德能力，这种能力形成的正义和非正义的概念因不同的人对同一活动想法不同而产生差异。他还根据活动原则提出导致行动的行动能力。里德提到的“能力”似乎指的是心灵中的能力。行动原则分为动物原则（如食欲和物欲）和理性原则（包括理解力和意志力）。

现在看来，托马斯·里德与经验主义者有什么分歧？

知识的过程，实际上就是生理心理学关于大脑活动过程的描述。经验主义者认为，大脑中会产生观念和表象。但是，按照里德的描述，我们大脑中的直接经验产生的并非观念或知觉，而是我们感知的对象本身。

托马斯·里德如何看待自由意志论？

里德认为我们有能力按意志的力量做事，因为我们有行动概念，并且有动机。关于自由，里德认为，大卫·休谟的论述并不充分，我们依照意志行动，但也要有能力选择意志。这是因为意愿是达成行动目标的工具，没有能力控制方法就意味着没有能力控制结果。你的自由行动是由你自己引发的，你也清楚自己就是这些自由行动的起因。因为你对自由的信仰来源于你的本能，这是自由的首要原则。

杰里米·边沁是什么人物？

杰里米·边沁是功利主义哲学道德体系创立者，该体系是西方哲学史上三大主流伦理学体系之一，另外两个是亚里士多德的美德伦理学和康德道义论或义务伦理学。

边沁的生平如何？

边沁出生在英国伦敦的猎犬沟渠街，12岁时开始在牛津大学女王学院学习。毕业之后，他进入林肯律师学院，成为一名律师，1767年取得律师资格。他虽然从没打过一场官司，但却毕生献身于民法和刑法的体制改革中。他认为现存的法学理论存在普遍性的不准确与紊乱之处，而且刑罚系统过于残暴，执行起来代价昂贵。边沁的法律著作始于法律改革，直到1811年才问世，而他的《评布莱克斯通英国法释义》（*Comment on Blackstone's Commentaries*）直到1928年才出版。

边沁著有大量著作，但是并不系统。他将其中的部分作品出版，1776年的《政府片论》（*A Fragment on Government*）和1789年的《道德和立法原则引论》（*An Introduction to the Principles of Morals and Legislation*）。

边沁曾试图寻求俄国女皇叶卡捷琳娜二世（Catherine the Great of Russia）对他的宪法典的支持。大革命之后，1792年他成了法国公民，他的思想也传播到了美国。但他在政治上却对英国起到了最大的影响。他是当时哲学激进分子的领袖，也是边沁主义信徒的精神导师。这些人都认为边沁的快乐原则或功利原则可以用来更好地改变世界。约翰·斯图亚特·穆勒的父亲詹姆斯·密尔（James Mill）是19世纪伟大的英国功利主义者，他就是边沁的挚友。边沁还创立了《威斯敏斯特评论报》（*Westminster Review*），也参与创建了伦敦大学学院。

▶ 何为边沁的功利原则？

边沁想用此原则指导立法者改革法律体系。他认为立法者受到了太多“同情与憎恶原则”的影响，他称之为“武断之言”。他们惩罚他们不喜欢的，即使像在性违法这样的案件中，如果没人受到伤害，他们就不去追究和惩罚实施者。边沁所渴望的法律义务是建立在最大限度地增加幸福总量并造成最少痛楚的目标基础上的。这就是功利原则。有此原则，就无须其他准则了，而且可以废除法律条文了。关于权利，边沁认为：“他们是在踩着高跷胡说八道。”

▶ 什么是“幸福计算”？

根据边沁理论，我们应该基于所经历的快乐和痛苦的结果去选择做法。每个人都有自身存在的唯一价值。所有快乐都在同一水平上。功利主义者认为每个人的偏好都有意义，不论人们所欲何为，不论其喜好各有不同。对边沁来说，要记住真正重要的，是快乐或痛苦的强度和持续时间。所谓“更高级快乐或更高贵美德”在边沁看来不过是更持久更强烈的快乐。他有一句名言表达此观点，“只要快乐的总量相等，针戏与诗一样好”（针戏是当时的一种保龄球类型的儿童游戏）。正义的价值降低了其更大非正义的功用。例如，刑罚只有在预防未来犯罪时，才会体现出公正或不公正。边沁的幸福计算由实际量化的快乐和痛苦组成，而量化的快乐和痛苦取决于以下因素：距离的远近、持续时间的长

▸ “自我形象”是什么？

杰里米·边沁创建了伦敦大学学院，他去世后将遗体赠给了伦敦大学学院，美其名曰“自我形象”。1832年这位伟大的哲学家过世后，他的遗体被保存下来，并放在大橱柜中，陈列在伦敦大学学院主建筑中供展出。据说，学院理事会关于改革的投票出现平局的话，依靠过世的边沁来解决。学院理事会则完全否认了这一谣言。但是展出的边沁头颅是假的，因为真的头颅被顽皮的学生破坏以后就被放在别的地方妥善保管了。

短、强度的大小、同一种类中产生快乐或痛苦的可能性大小和影响范围。

边沁对监狱改良的主要建议是什么？

在其《圆形监狱方案》(*Panopticon Letters*)一书中，边沁提出建立一种新型的监狱，使囚犯可以处于持续的监视之下。他为此精心绘制了蓝图，这样的设计使得一个监视者就可以监视所有的犯人，而犯人却无法确定他们是否受到监视。此设计被认为是一种人性化但更高效的监管犯人的手段。

伊曼纽尔·康德

康德是启蒙运动时期的重要人物吗？

是的。伊曼纽尔·康德是19世纪影响巨大的哲学家，其影响超越了其他所有启蒙哲学家，因他构建了可看成是经验主义和自然科学源头的理性主义。因此，可以说康德在理论上终结了理性主义和经验主义之间残留的对峙关系，因为他的理性主义容纳了经验主义。从这个意义上说，他是理性时代的缩影。当然，对于否定康德的人来说，哲学的使命依旧包括经验论、唯心主义或理性主义。

伊曼纽尔·康德的生平如何？

康德于1724年4月22日出生在德国东普鲁士首府科尼斯堡（现为俄罗斯加里宁格勒）。康德的父亲是一个马鞍商，祖父是苏格兰移民。康德8岁开始上学，从当地一所中学毕业后，康德在科尼斯堡大学师从哲学家马林·克努岑（Marin Knutzen）。大学毕业后，康德去一个乡间贵族家庭担任了9年家庭教师。之后，康德重返科尼斯堡大学，取得硕士学位，被聘为编外讲师。他任职15年，教授自然地理学、数学、力学、工程学、伦理学、自然科学、物理学、雄辩学等学科。在他的人类学和自然地理学课上，康德曾教授过这样的观点，即当时流行的欧洲人应该统治亚非人的观点。1770年以前，康德的生活都比较拮据。直到后来他被聘为科尼斯堡大学逻辑和形而上学教授，生活才有所改善。

康德所敬仰的其他哲学家，如让-雅克·卢梭等，他们都为了维持生计和名声而不断四处云游，作为学术事业的副产品，他们的生活充满了爱恋和政治冒险。但是康德却没有过这样的生活。他终生没有离开过东普鲁士，在科尼斯堡也终生未娶。1794年，普鲁士国王要求康德不得在今后的著作中再谈论宗教问题，他如期履行。康德的身体状况一直不佳，一直以来自己照顾自己，直到80岁。他从旅行者那里和已出版的书中获取关于外部世界的信息，他乐于和朋友一起进餐聊天。他出色地完成了自己的教授职责，还担任过一届科尼斯堡大学校长。

康德早期的著作都是关于自然科学，其中最著名的是1755年出版的《自然通史和天体理论》（*General History of Nature and Theory of the Heavens*）。康德的代表作是《纯理性批判》（*The Critique of Pure Reason*），该书最终在1781年才问世，但却鲜有人能读懂。因此，他在1783年出版的《未来形而上学导论》（*Prolegomena to Every Future Metaphysics*）一书中尽力使他的观点易于理解。随后，1790年他出版了《实践理性批判》（*Critique of Practical Reason*）和《判断力批判》（*Critique of Judgment*）。在1793年和1797年，他分别出版了《纯理性界限内的宗教》（*Religion within the Bounds of Mere Reason and the Metaphysic of Morals*）和《道德形而上学》（*Metaphysic of Morals*）。那时，康德已经久负盛名，但是一些更年轻的思想家却比康德本人更好地解读了他的哲学体系。在他的《遗著》

康德构建了可看成是经验主义和自然科学源头的理性主义。(图片来源：iStock 图像）

(*Opus Postumum*)一书中,康德一直在回答这些年轻思想家的提问,直到去世。

为什么说康德的认识论和形而上学是先验的?

时至今日,哲学家们对康德的争论依然存在,即康德提供的是一种心智理论还是一种认知的批评理论。不管属于哪种情况,康德的认识论和形而上学都是先验的。康德的认识论是先验的,因为他从已知到必然推论出先验,目的是描述已知。他的形而上学是先验的,因为最终存在都会超越和逃避我们的直接知识和深层理解,尽管根据理性原则这已得到证明。

康德仅是对物质世界知识创造的基础感兴趣吗?

不是。除了康德认为的人类对"布满星星的天空"的普遍敬畏,他还提出作为实践理性主题的"隐藏在其中的道德法则"。他也关注自身和对上帝的信仰。

什么是康德的"哥白尼式的革命"?

正如哥白尼把宇宙中心由地球改变为太阳一样,康德重置了哲学实在的基本原则和分类,如同科学从外部世界到心灵的研究一样。与约翰·洛克相同,他以检验心灵力量为初始的目的去抵制形而上学,认为其不能为理性所证明。他指出人类对实际体验的实践和空间理解既是理性需要,也是与其他理性生物共存和寻求满足这些实际需求的现实需要。

正如近代天文学的奠基人哥白尼认为恒星的运动部分是因为观察者在运动,他用这种方法解释了恒星表面上的运动。与哥白尼一样,康德揭示了客体与心灵是相符合的,在认识中,不是心灵去符合事物,而是事物要符合心灵,从而证明了心灵的先天原则是如何适用客体的。这种情形与哥白尼最初的思想的情况相同。

1770年,康德在《论感觉界和理智界的形式和原则》(*On the Form and*

Principles of the Sensible and Intelligible World）一文中提出，我们的时间和空间知识虽仅是事物的表象，但我们仍然有理由相信这些表象背后的自在之物。这就是众所周知的批判哲学的基础。康德的变革主张认为，我们拥有先天的时间和空间知识，因为它们是我们感知的形式。空间是物质世界的领悟形式，时间是精神世界的领悟形式（随后他出版了《纯理性批判》（*The Critique of Pure Reason*）以及在此期间的《未来形而上学导论》（*Prolegomena to Every Future Metaphysics*），这些著作成了“哥白尼式的革命”的标志）。

康德的先天综合知识概念是什么？

根据康德的观点，假如知识是我们从经验中获得的，知识就是综合的或是扩大的。如果知识是不经经验而得到的，知识就是先天的。康德引发出的形而上学问题是“没有先验知识，我们怎么可能获悉世界原理的呢？”

康德的解决之法是把“先验演绎”应用于这些原理中，用以表明没有这些原理经验就不可能获得。例如，关于因果关系，他认为意识本身基于现实的必要联系要求经验有序地存在。这是康德对大卫·休谟的恒常连接理论的回答。他拒绝接受休谟的怀疑论，因为休谟的恒常连接理论认为只有存在真实的因果联系，世界对我们才有意义。康德在《未来形而上学导论》（*Prolegomena to Every Future Metaphysics*）一书中曾有句名言：“休谟将我从独断论的睡眠中警醒。”

康德的道德哲学体系是什么？

康德的道德哲学是以事物之间的区别为起点的，有的事物是工具性的善，有的是有前提的善，共同之处是都有善果发生，因善事本身就存在善。唯一自身存在善的事是一种善意志或善行，面对道德相关情境时，依照道德原则的要求而去选择行为的一种承诺或态度，所以善意志指的是行为者在从事行为时的动机。任何其他有条件的善，如后天机缘是实现其他善的手段或它本身可以为恶所利用。道德（伦理）是属于理性存在的，理性存在需要行动原则。在理性社会或目的王国，如果他们有自主的权力，也就是说可以自由选择，那么行为就会是善的。

康德认为，理性存在是自律的或自控的。理性存在所用律己之规则是绝对的，康德称之为“定言”。此类规则可分为定言命令和假言命令。例如，“别伤害无辜的人”就是定言命令式，而“吃你的蔬菜”就是假言命令。

何为康德的定言命令？

康德的道德哲学通常被解读为两种公式。第一个是定言命令：“仅依据你能同时意愿成为一项普遍法则的那项准则而行动，假如行动的准则是你能同时意愿它成为一项普遍法则的准则，那么你应当依据那项准则而行动。”换言之，要只按照你同时认为也能成为普遍规律的准则去行动。定言命令是无条件的绝对的、必然的、客观的。无条件是由于定言命令本身就是行为的根据，遵从定言命令的行为是为了命令本身而行动，它唯一要遵守的是命令本身。这样，它就不需要根据别的意图或目的来制订行为的准则，不需要根据具体的或特殊的情况来改变准则。必然则因为它对一切理性存在都适用，它一旦被选择遵守就是确定的，不会因为行为的意图或目的的改变而改变，这根源于定言命令本身就是行为的根据目的。客观则指定言命令不因个人而不同，它排除了一切爱好欲望因

伊曼纽尔·康德是隐士吗？

是的。他的生活非常规律有序，以至于他的邻居经常根据他每日散步的固定时间来校对钟表。在18世纪80年代，康德的那段时期被传记作家称为“隐退的十年”。他将自己置于感知和智力关系的思考中。康德从来都不是享乐主义者，他甚至从最小范围的社交中退出。但是他对自己的生活和想法非常坦诚，从不以任何世俗的社交借口作为托词。他的一个学生曾想劝其改变，他却如此回答：

“任何改变都会让我忧虑，即使许诺给我改善生活条件，但是我的知觉告知我必须注意到命运之神为我纺成的线是那么纤细，以至无法再被拉长到任何长度。一直如此善待我和帮助我的支持者和朋友们，我深表谢意。但也请谅解我这个谦卑的请求，让我维持现状，免受任何纷扰。”

素，对所有理性存在均是一样的。

定言命令的测验是看在人人遵循的情况下会发生什么。某些事在特定情况下会产生善果，但不意味着在所有情况下都会产生善果。以“遵守交通规则”这一行为准则为例，行车时路上遇到红灯，此时并无其他车辆，你也不会闯红灯，尽管此情况下闯红灯的结果对你是有利的。或者，看一个康德曾举过的例子，如果行为准则是“不撒谎”。一个疯子在寻找你的一个朋友，而你知道这个朋友的行踪，这种情况下，你就不可以撒谎，你不能因为你的谎言对你朋友有利而允许自己撒谎。撒谎是以信任为前提的，但撒谎的结果却是人们彼此之间不再信任。再看康德的另一个例子，你不可以自杀，不管生活有多痛苦，因为道德的定言命令要求你不能自杀，自杀不是善行。自杀是以生命存在为前提的，但自杀的结果却是生命消失。

▶ 康德的定言命令与为人准则有何不同吗？

不同。根据《圣经》中提到的为人准则，我们想要别人怎么待我们，我们就要怎样待别人。假如我们的体验是不正当的或是我们不在乎自己的福乐，那么为人准则就会允许堕落行为和暴力行为的出现，但是这样的行为在定言命令下是不允许的。此外，康德的体系是以个人对整个社会其他所有理性个体的善意志作为坚实基础的。事实上，康德很大程度上借鉴了让–雅克·卢梭的“公共利益”观点，康德也非常尊重卢梭的道德哲学。

▶ 康德道德哲学定言命令的第二公式是什么？

康德认为，所有理性者都天生具有价值，而且在目的王国（Kingdom of Ends）中没有人是别人为了达到目的而利用的手段。在人类事物中我们所做和所为都是可以定价的，但在目的王国中没有定价，只有人类高贵的尊严。需要说明的是，康德在对这条道德公式的描述中提出了“人性”一词，“人性”在这里特指“与道德相符的人性”，也就是涤除了欲望爱好的人性，康德认为这种人性“才是具有尊严的东西”。我们再来看那几个例子，自杀是为了解除烦恼，撒谎是为了获得利益，这里便是把人（自己或者他人）仅仅看作实现目的的手段了；而有才华不去施展、有能力不去帮助他人，这又是违背我们与道德相适应的人性的。换言之，就是不要利用别人。

康德的自我理论的内容是什么？

康德将自我意识分为经验的自我意识和先验的自我意识（康德有时也成为“我”或“自我”）。经验的自我意识是依照我们内部知觉中的状态的种种确定而有的自我意识，仅是经验性的，而且总是易变不定的。先验的自我意识既具有使经验知识成为可能的超验综合统一性，又是只能应用于人类经验的纯粹知性能力的一种表现。超验的自我意识只能作为思想的对象被认知，而不能作为直接经验对象被认知。

康德是如何证明上帝存在的？

康德扬弃了本体论认为的存在并不是事物的一种属性或性质的观点。在康德看来，不能因为毛衣是红色的棉质的，它就是存在的。康德批判了“第一动因论”依附于本体论，也批判设计论，因为设计论最多也就是证明了宇宙的建造者或设计者，而不是创造者。康德自己认为可以用道德的方式证明上帝的存在，因为道德行为者知道没有上帝他将无法完成自己的使命。结果信仰上帝变成了个人的事和信念，不是“道德上存在上帝是必然的”而是“我确信道德上存在上帝”。

玛莉·渥斯顿克雷福特和威廉·葛德文

启蒙运动中哪些其他启蒙思想家与哲学有最直接的联系？

在其他领域启蒙运动思想家中，在哲学领域有名望的要属玛莉·渥斯顿克雷福特，她是著有《弗兰肯斯坦》（*Frankenstein*）的英国女作家玛莉·渥斯顿克雷福特·雪莱的母亲。她为女权主义思想奠定了基础，某种意义上说，她就是女权主义的开山鼻祖。她的丈夫是无政府主义者、政治哲学家威廉·葛德文，威廉以其功利主义论思想著称。其他法国启蒙运动者，尤其是百科全书派成员，贡献了众多主张对社会制度、经济结构作根本改变的激进思想。伏尔泰给更多的读者带来了更闪光的哲学思想，被誉为“法兰西思想之王”。一般认为，启蒙运动对美洲殖民地和美国的建国原则产生了巨大影响。

▶ 玛莉·渥斯顿克雷福特是什么人物？

玛莉·渥斯顿克雷福特被誉为是西方现代女权主义的奠基者。在法国大革命动荡的背景下，她进行了大量的创作，《男权的辩护》(*A Vindication of the Rights of Men*)一书对民主思想卓有贡献；在《女权的辩护》(*A Vindication of the Rights of Woman*)一书中，提出了女性平等的女权思想。她也写小说，主要撰写自传体旅行散文和一些有关教育的短小作品。

▶ 玛莉·渥斯顿克雷福特的主要政治思想是什么？

在1790年《男权的辩护》一书中，她驳斥了爱尔兰政治家和政治理论家埃德蒙·伯克对法国大革命自由、平等和博爱理念的抨击。她认为伯克对传统和习俗的认同意味着奴隶制是可以接受的，这一观点使她一夜成名。在1792年的《女权的辩护》一书中，渥斯顿克雷福特吹响了妇女要求平等认可的号角，革新了她的进步思想。

▶ 渥斯顿克雷福特代表妇女要求了什么？

玛丽·阿斯特尔和伊丽莎白·埃斯托布在渥斯顿克雷福特之前就曾主张人们应该认可妇女作为思想家的地位。阿斯特尔主张妇女有权接受教育。她为此提出的理由是妇女与男人一样拥有上帝赋予的思维能力。他认为妇女接受教育是完全正当合理的，因为接受教育会帮助她们成为贤妻良母。渥斯顿克雷福特继承了阿斯特尔的观点并更系统地为其进行了辩护。她还提出，时下将女人看成是“玩偶”或“玩具”是在贬低她们的自尊。卢梭广受欢迎的小说《爱弥儿》中提到了妇女接受教育是为了取悦男性，这一观点激怒了渥斯顿克雷福特，她对卢梭本人及这一观点进行了抨击。她还曾就女性情欲和女性情感易感问题公开给放荡的人写信，表示妇女被培养成了易冲动、情绪化和轻信的代名词，变成了无知和奴隶式的依附。

渥斯顿克雷福特有何理论创新?

玛莉·渥斯顿克雷福特发展了17世纪一位匿名作家在《论为女性辩护：男人的侵夺和习俗的残暴》(*An Essay in the Defense of the Female Sex: The Usurpation of Man and the Tyranny of Custom*)一文中提到的观点，即妇女具有社会赋予她们的特殊角色的特点。然而，渥斯顿克雷福特并没为此去谴责男人或主张女性在性格和力量上与男性匹敌或优于男性。

渥斯顿克雷福特对政治和社会理论的贡献是双重的。首先，就女性来说，她对女性的惯常教养和在社会中被赋予的角色进行了详细分析，正是这些分析使人们发展了那些被认为是女性“天性”的特性：情绪性、屈服、冲动和虚荣。其次，她给出了这样的假设，即理性可以用来增强人类幸福感。在她的两部主要著作中，她提出支持社会进步和人类平等是理性男女共同的责任。渥斯顿克雷福特的进步在于关注那些生活条件处于劣势和压迫的人群，这大大有别于17世纪和启蒙运动时期的主流男性哲学家。从这个意义上来看，她是革命思想家。

渥斯顿克雷福特反对婚姻吗?

不反对。渥斯顿克雷福特认为应该改革婚姻，妻子和丈夫应该成为真诚的朋友。她认为不该把女性的美德全部置于贞洁之上，而应该使她们有机会像男性一样去修身养性。为了彻底改变17世纪人们持有的女性性别危险观念，渥斯顿克雷福特写道，“对女性贞洁最大的危险就是男性没有意识到贞洁也是男性的美德之一”。

渥斯顿克雷福特的生活遭遇是如何影响她的事业的?

玛莉·渥斯顿克雷福特的生活是动荡不安的，可以这么说，这使她的同辈人和后续的思想家极为震惊。渥斯顿克雷福特在37岁时死于产后引起的多种并发症，她的丈夫、哲学家威廉·葛德文在其去世一年后写了《女权辩护作者传》(*The Memoirs of the Author of A Vindication of the Rights of Woman*)一书。浪漫主义诗人罗伯特·索西(Robert Southey)曾谴责威廉·葛德文(现代无政府主义奠基人)"享受着把他死去的妻子剥个精光的快感"。理查德·波尔威尔还于1798年出版了讽刺作品《失去女性特征的女性:一首小诗》(*A Poem*)。

渥斯顿克雷福特出生于英国伦敦的斯毕塔菲尔德。她的父亲将家产耗费在投机生意上,从而导致整个家庭逐渐地陷入了财政困难。渥斯顿克雷福特的少女时代是随着家庭的颠沛流离渡过的。最后,他们的财政状况已发展到了极其危险的地步,以至于她的父亲甚至动用了渥斯顿克雷福特成年后将继承的遗产。此外,渥斯顿克雷福特的父亲还染上了酗酒的恶习,酒醉后便会对妻子拳脚相加。在这种环境下,年少的渥斯顿克雷福特为了保护她的母亲,经常在其母亲的卧室门外向父亲撒谎。她的两个妹妹伊利莎与埃弗里娜也都有着不幸的婚姻。在她十几岁的时候,玛莉与简·阿登(Jane Arden)和范妮·布拉德(Fanny Blood)相识并成为好友。两段友情塑造了渥斯顿克雷福特早年的生活。简·阿登的家庭非常具有理性和知识氛围。渥斯顿克雷福特与范妮·布拉德后来在伦敦一处非国教居民区纽因顿格林创办了一所寄宿学校。

布拉德婚后,一直病重,不久就离世了,学校也随之关闭。布拉德死后,渥斯顿克雷福特在朋友的帮助下谋得了一份家庭教师的工作,在辞去担任了一年的家庭教师工作后,她决定成为一名职业作家。而实际上,成为一名作家的选择是十分大胆的,因为在当时几乎还没有哪位女性能靠写作来养活自己。在1787年写给妹妹埃弗里娜的一封信中,渥斯顿克雷福特谈到自己想要成为"新女性之先"。不久以后,她搬到了伦敦,并接受了一位思想开明的书商约瑟夫·约翰逊(Joseph Johnson)的帮助,在一处地方定居下来依靠写作自给自足。她学会了法语和德语,并翻译了一些著作维持生计。在这段时期,渥斯顿克雷福特的理性思维得到了充分的发展,这不仅源于她为撰写评论而进行的大量阅读,还应归功于她结识的众多朋友:她在约翰逊的名流宴会上认识了许多知识渊博的人,其中有思想激进的作家托马斯·潘恩和无政府主义哲学家威廉·葛德文。在葛德文与渥斯顿克雷福特的第一次见面中,他们对对方都感到十分失望。渥斯顿克雷福特在整个晚宴上都在质问葛德文。在伦敦期间,渥斯顿克雷福特与已婚的画家亨利希·菲斯利(Henry Fuseli)发展了一段感情。她打算同菲斯利和他的妻子住在一起,并与他保持一种柏拉图式的精神关系;但是,菲斯利的妻子却对三角家庭关系无法接受,为此菲斯利拒绝了她。

随后她先后撰写了《男权的辩护》和《女权的辩护》。1792年渥斯顿克雷福特离开伦敦，并在路易十六被处决前大约一个月时抵达巴黎。她在法国结识了一位美国冒险家吉尔伯特·伊姆利（Gilbert Imlay），并与他陷入热恋之中，不久后渥斯顿克雷福特便怀孕了，并在1794年5月14日生下了她的第一个女儿范妮：用她最亲近的朋友的名字来命名。但是伊姆利却拒绝与她结婚，返回英国后，她曾两次试图自杀。最终，她与威廉·葛德文喜结良缘，为了使他们的孩子合法，他们决定结婚，尽管他们一直分房而居。他们共同的女儿玛丽，也就是玛丽·雪莱，后来成了英国著名小说家，著有《弗兰肯斯坦》。不幸的是，她的女儿范妮在22岁自杀了。

▶ 威廉·葛德文是什么人物？

玛莉·渥斯顿克雷福特的丈夫，威廉·葛德文是著名的小说家和政治学家。在他的名著《政府正义论》（*Enquiry Concerning Political Justice*）中，他提出功利主义和无政府主义。他认为政府机构人为产生的腐败堕落对个人造成了极坏的影响，导致了不公正现象的出现。因此，他建议取消大的民族国家，人们应该居住在无政府的小型社区中，这样作为独立个体的人们才会相识相知。只有这样，邻里之间的和睦才有可能。

葛德文认为自由意志不存在，惩罚就无意义。在他看来，美德，基于同情，同情促动我们给大多数人带来最大限度的幸福。葛德文轻视除幸福原则外的其他价值。他还认为权利不是必需的，因为同情护佑每个人。

启蒙哲学家

▶ 启蒙哲学家指哪些人？

实际上“启蒙哲学家”这个术语已经广泛用于指那些在美国和法国革命前夕和期间主张改革世界秩序的知识分子。从这个意义上说，大卫·休谟、杰里米·边沁和本杰明·富兰克林（Benjamin Franklin）都是启蒙哲学家。然为了简化哲学历史，有必要缩小这个术语的范围，特指百科全书派和亚当·斯密、爱德华·吉本（Edward Gibbon）、戈特霍尔德·埃夫莱姆·莱辛和贝卡利亚（Cesare Beccaria）。

狄德罗正在编纂法国《百科全书》文艺批评部分。（图片来源：艺术文献库）

百科全书派的目标是什么？

百科全书派的目标是收集当代各个领域的知名著作和书籍，将其编纂成册。其代表人物是丹尼斯·狄德罗、让·勒朗·达朗贝尔（Jean le Rond d' Alembert）、保尔·昂利·霍尔巴赫男爵（Baron Paul-Henri-Dietrich d' Holbach）和孟德斯鸠，还有卢梭和伏尔泰。他们的作品倾向于人文主义和科学。然而，因百科全书派的反宗教思想，1750年编纂百科全书的工作遭到了王室的审查。尽管如此，该项工程持续到了1777年。据统计，参与该项工程的人员极为广泛，其中有140位撰稿人，还有大约150位作家和镌刻工。在狄德罗等人的努力下，《百科全书》虽几经周折，终于在1772年问世了。全书共32卷，包括正文21卷（含7万多条目），图片11卷。

狄德罗、达朗贝尔、霍尔巴赫和孟德斯鸠，他们个人的显著成就是什么？

狄德罗是法国《百科全书》的主编。他在1747年出版的《怀疑者漫步》（*The Skeptics Walk*）一书对基督教教义来说是个沉重的抨击。在1749年出版的《论盲人书简》（*Letter on Blind*）中，他提出宇宙完全是物质的和不断演变的。这一观点却给他带来了短暂的监禁。狄德罗的喜剧作品被认为是二流的，但是他却为文艺批评创造了新的样式，即文艺分析。

达朗贝尔是百科全书编纂工程的主要哲学家。在《讲座绪论》（*Discours Preliminaire*）中，他将人类哲学分为神学（灵物学）、逻辑学和伦理学。他认为宇宙物质不可知，并且在《论哲学元素》（*Essay on the Elements of Philosophy*）中将这一领域定义为现象比较，也就是现象显现。

霍尔巴赫是百科全书编纂的主要成员。他曾是巴黎法院的律师，也曾主办哲学沙龙。他将狄德罗的自然主义系统化，并出版匿名的反宗教著作，应用哲学反击天主教会。他认为一切存在之物都是基于物质和运动，宇宙中的一切都是必然的，有宿命论的倾向。他指出基督教美德是违背自然规律的，所谓的虔诚就是狂热，并且宗教官员也都不道德。霍尔巴赫也是一位功利主义者。

孟德斯鸠也是百科全书编纂的主要成员，是该工程的主要法学家。在他最著名的著作《论法的精神》（*The Spirits of Laws*）中，他提出整体分为共和政体、君主政体和独裁政体三种，三种政体相对应的原则是美德、荣誉和恐怖。政府的政体取决于民族的性格、历史和地理环境。立宪政府实施立法权、行政权和司法权三权分立才是保护自由的唯一途径。三权分立学说对美国宪法的制宪者产生了极大影响。

亚当·斯密的著作因何重要？

亚当·斯密阐释了资本主义经济体系，同时创建了现代经济学，以1776年出版的《国民财富的性质和原因的研究》（*An Inquiry into the Nature and Causes of the Wealth of Nations*）为标志，该书也是现代经济学的开山之作。他试图回答这样一个问题：假定人类生活会随着国家繁荣而提高，那么国家是如何更富有的？他还分析了工业化进程劳

亚当·斯密阐释了资本主义经济体系，被誉为现代经济学鼻祖。（图片来源：iStock图像）

动力分工的重要性，并且认为自由竞争是基于利益的驱动。这就是后来的自由主义经济思想或“不干涉政策——让他们去干吧！”他还提出，经济体制之建构，应以保障个人之生存及发展为原则。因为每个人若能充分发展自我，则社会整体也将获得进步。当然，这一过程需要市场这只“无形的手”来调控。

▶ 爱德华·吉本的贡献是什么？

爱德华·吉本著有《罗马帝国衰亡史》(*The Decline and Fall of the Roman Empire*)，该书在1776—1788年间出版。这部鸿篇巨制至今对人们有着深远的影响，仍被人们广泛阅读。吉本认为罗马的衰亡是因蛮族的入侵和基督教的腐败致使罗马人惯于“奴颜婢膝和胆小怯懦”。

▶ 戈特霍尔德·埃夫莱姆·莱辛是什么人物？

戈特霍尔德·埃夫莱姆·莱辛是德国启蒙哲学家的代表人物，被誉为“德意志的伏尔泰”。因德国的保守和严密的审查制度，所以在德国进行启蒙运动十分艰难。在诗剧《智者纳旦》(*Nathan the Wise*)中，他主张对犹太人的宽容和人类宗教平等。在《论人类教育》(*On the Education of the Human Race*)一文中，他指出所有宗教都是人性进步的一部分，尤其是当人性远离宗教转向纯理性之时。

▶ 贝卡利亚提倡什么改革？

贝卡利亚著有《论犯罪与惩罚》(*On Crimes and Punishments*)，他呼吁以更人道的方式对待囚犯，呼吁改革法律并改善监狱环境，极大地影响了刑罚报应的观念。他是近代资产阶级刑法学鼻祖，在整个欧洲有相当影响力。他论述了监禁的目的是实现对社会的保护和罪犯的改造。19世纪中叶，废除了惯常对罪犯采用的拷问和断肢酷刑，人们认为贝卡利亚的著作对此产生了极大影响。

▶ 伏尔泰是什么人物？

“伏尔泰”是弗朗索瓦·马里·阿鲁埃的笔名，他是法国启蒙时代剧作家、诗人、评论家、思想家和哲学家，牛顿理论的普及者。伏尔泰的《哲学书简》（*Philosophical Letters*）和《哲学辞典》（*Philosophical Dictionary*）是他最重要的著作，无不彰显出了他的非凡才智和社会正义感。他曾取笑戈特弗里德·威廉·莱布尼茨就像他的讽刺小说《憨第格》（*Candide*）中的潘格罗斯博士一样。即使他认为这不是所有可能的世界形式中的最好世界，他还是坚信社会改良进步是可实现的。

伏尔泰的经验主义和约翰·洛克很相似，在温和怀疑论者这点上，两者基本一致，都认为人类知识基本上是可以满足人类生活需要的。换言之，我们知道我们需要知道的。他支持信仰的自由，反对基督教会的狭隘。出于同样的原因，在赞美和主张回归自然方面，伏尔泰并没有像卢梭那样深入。收到卢梭送给他的《社会契约论》（*The Social Contract*）之后，伏尔泰这样回复卢梭："先生，收到了您的反人类新著，谨表感谢。亘古至今，从没人用如此聪明才智愚弄我们。拜读您的大作使人想在地上用四肢爬行，但是这个习惯我已经丢掉六十多年了。很遗憾，重操旧习，看来是不可能了。"

▶ 伏尔泰一生有哪些趣闻轶事？

伏尔泰，机智诙谐的剧作家、诗人和散文家，艾萨克·牛顿和约翰·洛克理论在法国的宣传者和普及者。（图片来源：iStock图像）

伏尔泰的一生充满戏剧性。从法国巴黎接受完古典教育后，伏尔泰并没有从事法律行业，而是选择了文学。随后，伏尔泰因写小说讽刺当时摄政王而被流放，以致背井离乡从巴黎来到荷兰。紧接着，他因写讽刺诗，被投入巴士底狱关押近一年。这些都发生在伏尔泰24岁之前。

长达半个世纪之久，伏尔泰被公认为法国最优秀的剧作家。1726年伏尔泰遭到一个贵族的诬陷，再一次被投进巴士底狱达一年。出狱后，伏尔泰被驱逐出境，流亡英国。到英国之后，他开始学习当地的语言、哲学和政治。在1734年，他不得不再次逃离巴黎，隐居15年。在法国东北部的洛林隐居期间，宁静的隐居生活使得伏尔泰的才能得到了充分的发挥，他与充满才智的夏特莱侯爵夫人一道潜心研究物理学、形而上学和历史学。在此期间，伏尔泰也曾被告上法庭，身陷囹圄，幸运的是得到了法王路易十五的情人蓬巴杜侯爵夫人的帮助得以脱险。

这期间他一度被宫廷任命为史官，1746年当选为法兰西学院院士。1750年，伏尔泰应普鲁士国王腓特烈二世（Frederick the Great of Prussia）邀请到柏林，被任命为国王私人的哲学诗人。遗憾的是3年后他们之间出现了分歧。离开普鲁士后，伏尔泰在瑞士日内瓦购置了一处庄园，在法国也买了地产。此后在法国期间，他为卡拉斯（Jean Calas）进行辩护，卡拉斯是新教徒，1762年被判处车裂酷刑而死。那时的伏尔泰已非常富有，所以他可以投入到火热的启蒙运动中去，猛烈抨击教会的宗教迫害。当83岁高龄的伏尔泰回到阔别29年的巴黎时，他受到了人民热烈的欢迎。同年伏尔泰与世长辞。起初，伏尔泰的遗体被弃在巴黎郊外，法国大革命后被安葬在先贤祠，并补行国葬。不料，在复辟时期却被再次挖掘出来。自此后，伏尔泰的遗体再也无法完整地安葬了。

伏尔泰的主要哲学贡献有哪些？

1734年，伏尔泰正式发表了《英国书简》（*Letters Concerning the English Nation*），该书是其《哲学书简》的一部分，宣扬英国资产阶级革命后的成就，抨击法国的专制政体。他在书中对英国的政治制度以及洛克和牛顿及其他英国思想家的思想作了充满欣赏之情的描述。与此同时，他开始抨击法国的专制政体，促动了法国大革命的爆发。布莱斯·帕斯卡（Blaise Pascal）在17世纪提出寂静主义，认为人世间遭遇的一切苦难都是在为进入天堂做准备。而伏尔泰反对布莱斯·帕斯卡的观点，他提出人类生活的改善就在当下。

伏尔泰在著作《哲学辞典》（*Philosophical Dictionary*）里"谈洛克的信"（*Letter on Locke*）一文中，论及了这样一种可能性，即物质是否存在思想。然而，在伏尔泰晚年，在唯物主义被哲人们拿来为无神论辩护后，他又返回到怀疑论的立场上。

▶ 什么是伏尔泰的宗教观点?

伏尔泰并不接受17世纪著名数学家布莱斯·帕斯卡关于上帝是否存在的赌注。以下是摘自帕斯卡《思想录》(*Pensees*)中的一段著名的打赌式的论断:

> "上帝存在,或不存在。"我们应该倾向哪一边呢?
>
> 在这个问题上,理性起不到丝毫作用。无限的混沌将我们分隔开来。在那无限距离的末端是一场赌博,输赢将会一见分晓。那么你会选择哪一边呢?让我们来看看吧。既然你必须作出选择,让我们看看何种选择对你的利害关系最小。你会失去两种东西:真与善;你会付出两种东西:你的理性和你的意志,你的知识和你的幸福;而你的本性要避开两种东西:错误与不幸。在你作出一种选择而不是另一种选择的时候,你的理性不会因此受到冲击,因为你必须作出选择。但你的幸福呢?让我们权衡一下打赌上帝是否存在的得失。如果你得到,你得到全部;如果你失去,你一无所失。那么不要犹豫,赌上帝存在吧。

换言之,假如我们不知道上帝是否存在,我们有两个选择。以我们的生活为基础的前提下,上帝存在。在此情况下,倘若上帝存在,我们死后会进入天堂。但假设上帝不存在呢?那么,还是打赌上帝存在较好,因为假设上帝不存在,我们不会失去任何东西。因此,假设我们打赌上帝不存在,我们只是证实了我们遭遇的苦难,但是假如证实了上帝的存在。我们死后就会下地狱。伏尔泰对此并不认同。

伏尔泰相信自然的设计是上帝作为第一动因、原动力和至高智慧存在的证据。然而,他认为上帝并不关心人类疾苦,不尝试解决罪恶问题:如此仁爱和万能的上帝怎么会允许罪恶存在呢?

1755年万圣节,葡萄牙首都里斯本发生大地震和海啸,致使成千上万人遇难,这使伏尔泰十分悲痛。在《里斯本灾难哀歌》(*Poeme sur le desastre de Lisbonne*)中,伏尔泰既批判莱布尼茨乐观主义哲学,又批判原罪论。在《查第

美国开国元勋本杰明·富兰克林（左图）和托马斯·杰斐逊（右图）受到启蒙时代日益增加的民主和自由理想的鼓舞和激励。

格》(*Zadig*)和其他作品中，他的宗教敬畏思想进一步加剧了，在他的余生中，伏尔泰一直保持着对宗教的宽容态度，同时对孔子学说和贵格会产生了浓厚兴趣。伏尔泰晚年，尖刻地抨击天主教会的黑暗统治。他曾公开宣称："凡使你信服荒谬思想之人，必将最终使你参与暴行。"

▶ 乔纳森·爱德华兹是什么人物？

乔纳森·爱德华兹是普林斯顿大学第三任校长，但他在当选校长一年后就去世了。他早年在耶鲁学院接受教育，在美国纽约布道。1729年，他在美国马萨诸塞州成为大觉醒运动的领袖。他的神学体系是加尔文主义的一种新教。

爱德华兹哲学兴趣广泛，涉及尼古拉斯·马勒伯朗士、剑桥柏拉图学派和约翰·洛克。他自己本身就是唯心主义者，与乔治·贝克莱一样，认为人类心灵是由观念和感觉组成的，上帝才是唯一真实的存在。

启蒙运动是如何影响美国的?

美国直到19世纪末20世纪初才有自己的哲学体系。在美国独立战争和新共和国建立前这段时期内,政府的暴虐促使人们追求自由,个人的尊严以及要求拥有私人财产权都是积极进步的思想。

这些在托马斯·潘恩、本杰明·富兰克林和托马斯·杰斐逊以及其他人的著作中体现的乐观思想极大地鼓舞了人心。美国的政教分离制度被视为个人自由的一个篇章,反抗了暴虐的政府,争取思想言论自由,这些都直接来自启蒙思想的影响,当然还来源于人们对政府权力分工的不满和对政府的不信任。

但是我们应当注意,自由主义和彻底的无神论者还是会在欧洲存有很长时间。在乔纳森·爱德华兹的鼓舞下,美国新教的宗教哲学在18世纪末的新英格兰再生运动中开始繁荣,这就是著名的大觉醒运动。

乔纳森·爱德华兹关于上帝的观点有何新颖之处?

乔纳森·爱德华兹发展了对上帝的认识,他认为上帝仁爱并以己为乐,作为自身快乐的一部分,上帝创造了人类和其他生物。爱德华兹曾布道说,上帝的爱是无私公正的,上帝崇高美丽,上帝的爱恩泽整个世界。相比之下,道德所见的美丽就是"从属的",不过是上帝仁爱的完美复制。

爱德华兹对罪孽者仁慈吗?

一点也不。爱德华兹认为对于那些堕落的人来说,一定有个真实的地狱在等着他们。他最著名却不幸被人们误解的布道是《落在愤怒的上帝手中的罪人》(*Sinners in the Hands of an Angry God*),这篇布道极其震撼,他只是以朴素的文字和平和稳定的语调宣讲。爱是不仅相信罪人必会受惩罚,并认为上帝也不会对罪人的苦痛施以同情。他写道：

> 倘若呼求上帝怜悯你，他定不会可怜你这悲惨之状，也不会表示丝毫的仁爱，反会将你踏在脚下。虽然他明知你不能承受全能神的沉重践踏，然而他丝毫不理会，也不施怜悯，必将你压碎在他脚下；他要榨取你的血来，使之飞溅在他的衣服上，并且玷污他圣洁的衣裳。他不仅憎恶你，而且极端鄙视你。他想你不配待在任何地方，只好将你践踏在脚下，就像街上的泥淖一样。

另外，在善意的情况下，力求仿效上帝，爱德华兹认为罪人在地狱所遭受的一切都是罪有应得。1758年在他的《为何荣耀的圣人会以看到临死的痛苦为乐》(*Why Saints in Glory Will Rejoice to see the Torments of the Damned*)布道中，爱德华写道：

> 他们将看到他们的同类多么的痛苦悲惨，而且那些人本来就是和他们自己生活在同一环境下的。当他们看到他们痛苦的浓烟，燃烧他们的肆虐的火焰，听到他们悲痛的号啕，同时，这也是他们最欣喜若狂的时刻，因为此刻他们将得以永生：他们是何等的欢乐呀！

反启蒙运动者

▶ 哪些反启蒙运动者对哲学产生了持久深远的影响？

詹巴蒂斯塔·维柯是近年来才被重新发现而认可的哲学家。近代保守主义代表人物埃德蒙·伯克是英美保守主义的奠基者，与他相似的有约瑟夫–玛丽·马斯特尔，还有英国讽刺文学大师乔纳森·斯威夫特。另外还有萨德侯爵，他是一位法国贵族和一系列色情和哲学书籍的作者。因他所描写的色情幻想和他所导致的社会丑闻而出名。萨德所代表的是因堕落而被排斥的主流社会之外的一类人，19世纪和20世纪的进步人士进一步将其边缘化，他也确实名副其实地令人吃惊！

▶ 詹巴蒂斯塔·维柯是如何成为他那个时代独特的哲学家的？

詹巴蒂斯塔·维柯是意大利哲学家、历史学家和法学家，被誉为历史哲学的创建者，建立了历史发展的观点。他对过去的思想进行了细致的分析，研究了它们发展的过程，认为思想的发展应该归因于不断变化的环境和思想内容本身。以此来看，维柯创新了思想史。

▶ 维柯一生中和其他启蒙思想家相互影响过吗？

没有。维柯所生活的环境无法给他提供作为知识分子所享有的闲暇安逸。在意大利以外，只有德国知识分子，如约翰·格奥尔格·哈曼（Johann Georg Hamann）和约翰·戈特弗里德·赫德尔知晓他的工作。在维柯所处的时代，意大利还没统一。意大利那不勒斯动荡不安，不断被西班牙、奥地利和法国轮番占领，此外人们还要承受来自耶稣会的额外的政治压力。

维柯父亲是那不勒斯的一位书商。维柯年幼时不幸头骨骨折，这一遭遇使他休学在家长达三年时间，出于无奈，维柯开始自己广泛地阅读。进入大学后，维柯成了自由散漫的学生。在最终选定法律之前，维柯钻研了逻辑学和中世纪经院哲学。他十几岁时，在一起诉讼案件中协助了他的父亲，但是这以后他再也没从事法律工作。自1685年后的十年间，维柯一直从事家庭教师职业，同时自己广泛阅读哲学、历史、伦理学、法理学和诗歌。他不喜欢数学，对科学也不特别感兴趣。

1695年，维柯成为那不勒斯大学修辞学教授，那时那不勒斯大学还是一个笛卡儿研究中心，致力于研究笛卡儿哲学。维柯对笛卡儿主义的诸多方面都持反对意见，尤其是其唯理主义。从1699—1708年，维柯每年为那不勒斯大学作开学演讲。由这些演讲稿改写成了一系列文章，其中《论我们时代的学习方法》（*On the Study Methods of Our Time*）一文因其自由教育主张而被广泛接受。随后发表了《论意大利最古老的知识》（*On the Most Ancient Knowledge of the*

Italians）。1722年他的三卷本《普及法》（*Universal Law*）完成。1725年，他的自传和《新科学》（*The New Science*）发行，并于1730年和1734年修订出版。由于维柯后来并没有成为民法学教授，为了维持生计，他不得不靠写诗和一些没有价值的作品赚钱。晚年，维柯生活状况越来越差，他本人变得更加忧郁。1744年因病痛折磨而去世。

▶ 维柯思想是如何反对启蒙运动的？

维柯的主要观点是"观念法则遵循存在法则"，与之相反启蒙运动的观点为"存在法则遵循观念法则"。也就是说，维柯认为观念是物质实在的结果；而启蒙运动的乐观主义者认为，理性指引实在。维柯笃信人类活动的循环进步，而启蒙运动的首要信念是真正的变革才是进步的存在。

▶ 维柯为何反对笛卡儿主义？

维柯认为笛卡儿过于迷恋数学和自然哲学（自然科学）从而轻视了艺术、法律和历史等其他领域的知识。维柯认为笛卡儿在数学中研究的某些知识也未必正确。维柯在他的第一本书《论意大利最古老的知识》（*On the Most Ancient Knowledge of the Italians*）中提出笛卡儿以自身存在的意识作为基本哲学原理和试图只通过理性证明上帝的存在是错误的。

维柯自己的观点是心灵不能产生自身，也不能知晓自身是如何具有知识的。关于数学和其他科学依据，维柯认为我们不能通过笛卡儿所说的清楚而明晰的观念得出结论。他认为数学知识当然是真实准确的，那是因为人类心灵已经为数学真理创造了标准或因为人类已经制造了数学。然而，上帝创造了物质世界，那么也就只有上帝才可以通晓关于物质世界的知识。事实上维柯承认通过在自然中制造东西或通过科学实验，我们可以从假设的证实中获得知识。

▶ 维柯将历史看作是知识的新观点是什么？

笛卡儿主义认为历史最好的阶段不过是多方面事实的大杂烩，而糟糕的阶段则不过是一系列想象和虚构；与笛卡儿主义不同，维柯认为历史学家比科学

维柯自传有何不寻常之处？

维柯在《詹巴蒂斯塔·维柯自传》（*Life of Giambattista Vico Written by Himself*）一书中，以第三人称形式讲述了自己的人生故事，分析了周围环境在他开始写作前对其性格和思想形成的影响。可以说他的自传就是他的思想史。以下是开头部分：

1668年，詹巴蒂斯塔·维柯出生于意大利那不勒斯，他父母为人正直，身后留下极好的名声。父亲和蔼幽默，母音却很安静忧郁。父母的性格对他的影响都很大。年幼时维柯活泼好动。7岁那年他不慎从高处的梯子头朝下摔到了地板上，在地上躺了5小时，没有动弹，失去了知觉，导致右侧头骨骨折，但皮肤却没有磕破，头上鼓起一个大包，一些碎骨深深地刺进了肉里，造成了失血很多。医生看到他头骨骨折，昏迷很久，觉得这孩子活不长了，即使活下来也会是一个呆子。然而，在上帝的恩惠下，这两种猜测都没实现，他活了下来。由于这次事故，使他成年时性格既忧郁又暴躁，而这样的性格又是聪明和喜深思之人所独有的。因其天资聪颖，他观察事物之快犹如闪电。因其思想深邃，他厌烦文字上的俏皮和荒诞。

家能获得更多的真实，因为历史学家研究的是人类创造的历史。

他并不认同雨果·格劳修斯和托马斯·霍布斯以及其他人所假设的自然状态观或静态的无变化的自然。他为人谨慎，是我们所谓的“不符合潮流的人”，或者过去有同样意思的词能够描述他，也许人们对他的性格一直是这样认为的。维柯相信历史事件改变人类思想。维柯指出，大凡理论“必是始于它最初的起点然后开始形成的”。依维柯看来，历史学家发现过去时代的那些思想感情的方法是破译他们的语言、神话和习俗。例如，他认为所谓的隐喻、虚构和寓言曾经可能是过去人们的真实存在的事实。

什么是维柯历史循环论？

维柯认为在不同的社会都有占支配地位的文化模式。因为，在任何特定时间和地点，法律、宗教、政治、艺术和习俗都倾向于相匹配。例如，他勾勒出雅典法律和前苏格拉底及苏格拉底哲学间的联系。在他对历史循环的描述中，提出社会经历了最初发展、成熟和衰败三个时期。他把整个人类历史划分为神的时代、英雄时代和凡人时代。相应的，英雄时代导致寡头政治；而凡人时代是以阶级冲突为特点，直至社会衰败。维柯认为人类首先经历了野蛮时期，然后进入"众神时代"，处于对自然现象恐惧的支配之下。后来，氏族首领为了避免内外的攻击而建立联盟，于是产生了"英雄时代"。这时出现了贵族和平民之分，由于平民争取平等权利的斗争，历史发展到"人的时期"，但这个时代又面临着腐朽、衰亡和返回野蛮状态的问题。维柯把此理论应用于罗马历史，始于神话中的缔造者罗穆卢斯（Romulus）和雷穆斯（Remus），亡于外族野蛮人的侵略。

维柯认为历史循环起源于什么？

维柯在他的"天命"观点中认为是上帝制订了历史循环，维柯信守这一观点可以与民众创造历史相容。这一观点深深影响了德国哲学家黑格尔"理性的狡猾"这一概念，其大意是历史总是和人们设想的有所不同。

英国政治家埃德蒙·伯克是哲学上的悲观主义者，他认为全民平等是无法实现的目标。（图片来源：艺术文献库）

埃德蒙·伯克的政治背景和信仰是什么？

埃德蒙·伯克，曾在1765—1794年在英国下议院担任辉格党的议员。在他早期职业生涯中，他更倾向于文学而不是哲学，他提出了浪漫主义艺术观。作为政治家，他抵制基于理想和抽象理想的政治和社会变革，支持恢复正当权利和惯例的政治变革。例如，他批判法国大革命的“自由、平等和博爱”，却赞赏爱尔兰运动和美国独立战争。

埃德蒙·伯克的人生有哪些关键事件?

埃德蒙·伯克于1729年出生在爱尔兰都柏林。早年就读于都柏林的三一学院，然后移居伦敦，希望就读法律，但他从未取得律师资格。相反，他却在年轻时写了《为自然社会辩护》(*A Vindication of Natural Society*)和《论崇高与美丽概念起源的哲学探究》(*Philosophical Enquiry into Our Ideas on the Sublime and Beautiful*)两篇文章，均在1756年由一个叫罗伯特·达德利(Robert Dodley)的书商发表，该书商还委托伯克撰写了《英国史节本》(*Abridgement of the History of England*)，遗憾的是该书一直没完成。1756年发表的《为自然社会辩护》(*A Vindication of Natural Society*)是伯克以托利党政治家博林布鲁克勋爵(Lord Bolingbroke)的文笔风格写的。与文明状态相比，博林布鲁克勋爵崇尚纯自然状态，并以十分夸张的方式称赞纯自然状态。尽管伯克对此持反对观点，但他模仿的博林布鲁克勋爵是那么的令人信服，以至于许多读者都以为是博林布鲁克写了此文。

伯克的艺术理论反对古典主义者的价值清晰观。他认为伟大的艺术是神秘的且可唤起情感共鸣的。他写道：“正是我们对事物的蒙昧才带来了赞赏和诱发了热情。”

伯克的政治理论的主要观点是什么?

埃德蒙·伯克是悲观的基督徒，认为世上有真正的恶魔，不公是不可避免的。在伯克看来，人类社会最好的前景就是遵循历经时代而稳固的传统和习俗。他认为法国大革命已经演变为一场颠覆传统和正当权威的暴力叛乱，而非追求代议、宪法民主的改革运动，他批评大革命是企图切断复杂的人类社会关系的实验，也因此沦为一场大灾难。那些由抽象理想引发的变革尝试，导致了“那些注定要过辛劳生活的人抱有虚假的希望和虚浮的期望”。在1790年出版的《对法国大革命的反思》(*Reflections on the Revolution in France*)一书中，他将博爱称之为“伪善的胡扯”。

约瑟夫-玛丽·马斯特尔和埃德蒙·伯克的思想有何相似之处?

约瑟夫-玛丽·马斯特尔是罗马天主教的政治理论家,试图根据托马斯主义恢复传统社会。托马斯主义是中世纪意大利神学家和经院哲学家托马斯·阿奎那的神学和哲学体系,13世纪经院哲学的基础。他在其1796年《论法国》(*Considerations on France*)一书表述法国大革命是"恐怖的"。然而,马斯特尔超越了伯克,坚信天主教会最终会战胜启蒙哲学。在1810年的《论政治宪法的产生原则》(*Essay on the Generating Principle of Political Constitutions*)一文中,他描述了上帝和人类渴望的一种基本的秩序和纪律。

约瑟夫-玛丽·马斯特尔有多重要?

哲学家和历史学家以赛亚·伯林(Isaiah Berlin)在《自由及其背叛》(*Freedom and Its Betrayal*)一文中,将马斯特尔列为启蒙运动中人类自由的六个敌人之一。19世纪,法国文学批评家埃米尔·法盖(Emile Faguet)这样描述马斯特尔:"一个狂热的绝对论者,一个激烈的神权主义者,决不妥协的正统王权拥护者,教皇、国王和刽子手组成的三位一体的鼓吹者,无处不在的艰难、狭隘和顽固的教条主义拥护者,来自中世纪的神秘人物,既是医术高明的医生,又是检察官,还是刽子手。"

约瑟夫-玛丽·马斯特尔认为天主教会最终会战胜启蒙运动的客观科学思想。(图片来源:艺术文献库)

乔纳森·斯威夫特是怎么反对启蒙运动价值观念的?

乔纳森·斯威夫特(Jonathan Swift)被认为是本质上的虔诚基督教徒,不相信人性中存在理性,而认为一旦秩序被建立就会开始瓦解。1709年在《对

乔纳森·斯威夫特疯了吗?

有些人认为如此。根据是他后期作品中所表达出的对低俗文学的兴趣,写了很多冒天下之大不韪的诗。诗中,他置所有隐讳与禁忌于不顾,故意详细描述,不遗余力地刻画各种肮脏恶心之事物,令读者大倒胃口。例如,在他1731年所写的诗《美妇更衣室》(*The Lady's Dressing Room*)中病态地描写了一幅令人作呕的景象:西莉亚的衣物、器皿和化妆品都脏不忍睹。在结尾他写道:"斯泰芬从更衣室悄悄溜走后,还惊恐地叹道:西莉亚,西莉亚,西莉亚是混蛋!"

同时,斯威夫特也写了另外一首怪异的诗《美人就寝赋》(*A Beautiful Young Nymph Going to Bed*),诗中描写的是女主角每晚就寝前,她都需宽衣卸妆,包括卸掉使其美艳的假体,暴露出身上的真实面目。此时,其肮脏丑陋暴露无遗。很明显斯威夫特对女性的虚假有一种痴迷。尽管他是英国国教会的牧师,他也和埃斯特·范贺姆利保持了17年的恋爱关系。埃斯特·范贺姆利是他以前作为家庭教师时所指导的学生,但斯威夫特为了年轻的艾斯特·约翰逊拒绝了范贺姆利。在斯威夫特的作品中年轻的艾斯特·约翰逊被称为"斯特拉"。埃斯特·范贺姆利或"凡妮莎"于斯威夫特而言,是一个去世后将遗产赠给乔治·贝克莱的朋友。斯威夫特婉拒范贺姆利不久后,她就去世了。艾斯特·约翰逊也是英年早逝。

1742年,斯威夫特由于病痛折磨,几近神志不清,记忆错乱,头晕耳聋,生活已经不能自理。1745年斯威夫特去世时,他捐出了自己的庄园建立了一所疯人院,但是很明显,从心理学角度来看,他并没发疯。当然,不可否认,他患了迷路性眩晕,即"美尼尔综合征",是在当时并不为人熟知的一种生理疾病。他留给世人最后的话语是:"我是傻瓜。"斯威夫特的拉丁文墓志铭这样写道:"他走了,狂想和残暴再也不能折磨他的心,前进,过路人;倘有可能,请以他为榜样,为保卫人类高贵的自由而奋斗吧!"

改进理性和革新习俗的建议》(*A Project for the Advancement of Reason and the Reformation of Manners*)中，斯威夫特对人类的道德状况深感绝望，他乞求安妮女王实行道德改革以反对堕落和腐化。然而，最具讽刺意味的是，斯威夫特道德改革的特色之路是通过讽刺和挖苦来实现的。他“讽刺”那些通过浅薄的小说和浮夸的小册子而赢得尊贵社会地位的人。因此，当他清醒地认识到他不能帮助爱尔兰贫苦人民获得人们的支持时，他和他的朋友成立了斯克里布卢斯俱乐部，以便参加反对“书呆子”的活动。

乔纳森·斯威夫特以其著名的讽刺小说《格列佛游记》(*Gulliver's Travel*)著称，他认为人类并不是非常理性的生物。(图片来源：iStock 图像)

斯威夫特最著名的讽刺作品是1726年的《格列佛游记》(*Gulliver's Travels*)。最著名的一个小册子叫《一个使爱尔兰的穷孩子不会成为他们父母、国家的负担并成为社会有用的人的几点建议》(*A Modest Proposal for Preventing the Children of Poor People from Being a Burden to Their Parents or Country, and for Making Them Beneficial to the Public*)，他指出爱尔兰人民已经极度贫困，对残酷剥削爱尔兰人民的英国统治者提出了有力的控诉。在文中他建议以贫苦人家的孩子替代英国乡绅地主餐桌上的传统鹅肉美食，极尽反讽之能事。

▶ 萨德侯爵是什么人物？

萨德侯爵(Marquis de Sade)出身法国贵族，曾写过一系列色情和哲学书籍。尤其以他所描写的色情幻想和他所导致的社会丑闻而出名，其系列情色作品包括：《瑞斯丁娜，或喻美德的不幸》(*Justine, or the Misfortunes of Virtue*)、《于丽埃特，或喻邪恶的喜乐》(*Juliette, or Vice Richly Rewarded*)、《索多玛120天——放纵学校》(*120 Days of Sodom or The School of Licentiousness*)、《乱伦》

(*Incest*)和《爱之罪》(*The Crimes of Love*)。从没有哪个时代如此关注堕落和罪恶，萨德几乎是在疯人院和监狱中度过了长达30年的监禁生活，这都是因其惊世骇俗的写作。"虐恋"(Sadism)就是以他的名字命名的。

▶ 萨德侯爵生平如何?

萨德出生于一个古老的、没落的法国南部贵族家庭。他的父亲是伯爵，母亲是法国王室的远亲，曾经当过孔代亲王妃的高级女侍，他本人即出生于孔代亲王在巴黎的宫殿里。在这里他度过了幼年时光。他的童年部分在巴黎，部分在普罗旺斯度过。青年时他就读于一所耶稣会学院，此后在七年战争时期曾被提升为骑兵团长。此后，他娶了他所爱的女人的姐姐为妻，成为3个孩子的父亲。1766年，萨德在位于拉克斯特的城堡中建了一个剧场。20世纪90年代，著名时装设计师皮尔·卡丹(Pierre Cardin)将该遗址买下，重新修复后经常在那里举行时尚表演。萨德是个放荡主义者，他的生活远远超越了当时法国贵族的放荡主义所容许的范围。据闻他多次虐待雏妓和他家里的男女用人。1768年，他被控绑架和虐待了一个名叫罗希·凯勒(Rose Keller)的女子；该女子逃脱后，他被控犯有亵渎神明罪，在当时，这是一项比性犯罪更为严重的罪行。

萨德侯爵城堡遗址。萨德侯爵以其追求情色而闻名于世，但其关于人类性学的思想深深影响了心理学和哲学领域。(图片来源：iStock图像)

随后，萨德因虐待罪被巴黎的妓女控告，被逐出所居住的城堡。萨德在出逃时又拐骗了他妻子的姐妹，他的丈母娘因此从国王那里获得了一个逮捕令。由于有他妻子作为帮凶，所以他得以一次次地被捕又逃脱。1784年，萨德被禁锢在巴士底狱，出狱后他被监禁在查伦顿的一家疯人院中。在疯人院中，神父允许他自由创作戏剧。1790年，萨德被释放，他妻子借机与他离婚。

▶ 萨德的创作有何学术价值?

萨德在1790年入选国民公会,同年撰写政治短评,呼吁进行直接选举。西蒙·波伏娃以及其他20世纪的存在主义者认为在萨德作品中阐释了一种自由激进主义学说。他在西格蒙德·弗洛伊德之前就强调了人类生活中性的重要性。在他的创作中也看到虚无主义的萌芽。20世纪的心理分析学家雅克·拉康(Jacques Lacan)认为萨德的伦理学与康德的绝对命令是相匹配的。20世纪的女权主义者安德里亚·德沃金(Andrea Dworkin)通过分析萨德,说明了所有异性色情文学固有的本性,就是对女性的暴力、厌恶和歧视。

▶ 时至今日,人们还对萨德侯爵感兴趣吗?

答案是肯定的。萨德侯爵已经成为时下电影主题的新宠,刺激而神秘。1969年电影《萨德》(*De Sade*)在德国拍摄。关于该电影导演是谁的猜测现今一直是个谜。1996年再次翻拍的《萨德侯爵》(*Dark Prince*)并未引起轰动,最近的版本是2000年拍摄的《鹅毛笔》(*Quills*)。

《鹅毛笔》的故事发生在拿破仑时期法国的一所疯人院,萨德侯爵由于放纵而被监禁在此。萨德在作品中生动地表现了堕落邪恶的思想。即使在被监禁期间,仍笔耕不辍,常将手稿偷偷送出疯人院发表。拿破仑对其作品甚为震怒,派遣罗耶·科拉德医生来到疯人院对付和“治愈”萨德。这是一位以高压手段对付精神病人的“心理专家”,其本人也是伪善者,经常虐待自己的妻子。萨德遭遇迫害后,神父因表示出同情而被关押起来。

总体来说,《鹅毛笔》这部电影是一部精美的影片,戏剧化地展示了萨德的思想。萨德用他独有的武器公开挑衅理性时代的乐观主义。